KYUNG HEE UNIVERSITY

호텔관광대학의 미래와 도전

KYUNG HEE UNIVERSITY

호텔관광대학의 미래와 도전

경희대학교 호텔관광대학

발간 위원

윤지환 호텔관광대학 학장/ 관광대학원 원장, 관광학과 교수

유창석 관광대학원 부원장, 문화관광컨텐츠학과 교수

이규민 호텔관광대학 부학장, 외식경영학과 교수

정남호 문화관광산업학과 학과장, 호텔경영학과 교수

황조혜 Global Hospitality and Tourism Management 학과장, 외식경영학과 교수

김진영 호텔경영학과 학과장, 호텔경영학과 교수

김봉석 창업보육센터장, 컨벤션경영학과 교수

정라나 조리서비스경영학과 교수

배소영 문화관광컨텐츠학과 학과장, 문화관광콘텐츠학과 교수

박상원 호텔관광대학 교수

호텔관광대학의 미래와 도전

2021년 10월 20일 | 1쇄 인쇄
2021년 10월 27일 | 1쇄 발행

지은이 경희대학교 호텔관광대학
발행인 김은중
발행처 서울경제경영출판사
북디자인 청솔디자인

주소 03767 서울특별시 서대문구 신촌로 205, 506호
전화 02-313-2682
팩스 02-313-8860
등록 1998년 1월 22일 제 5-63호

ISBN 979-11-6282-095-7 (93900) 정가 15,000원

발간사

경희대학교 호텔관광대학은 '문화세계의 창조'라는 경희정신과 인간중심의 경영 교육이념에 기반한 세계 최고 수준의 호텔관광 교육기관입니다. 1975년에 설립된 경희호텔경영전문학교로 시작해서, 1997년 12월에 경희대학교의 단과대학으로 편입되어서 지속적인 발전을 거듭하면서 오늘날의 호텔관광대학 체계를 갖추게 되었습니다. 지금까지 15,000명 이상의 졸업생을 배출했고 경희대의 브랜드와 호텔관광산업 내에서 동문들의 뛰어난 활약에 힘입어 명실공히 국내 1위의 호텔관광대학이 되었습니다. 전 세계 호텔관광대학 분야 평가에서 2018년 상하이대학평가 랭킹 8위, 2020년 QS 평가 랭킹에서는 35위 등 상위에 랭크되어서, 연구와 교육 측면에서도 세계적으로 높은 경쟁력을 자랑하고 있습니다.

현재 경희 호텔관광대학은 국내 호텔관광대학 중 가장 규모가 큰 대학으로 학부와 대학원을 합쳐서 약 3,200명 정도의 학생들이 재학 중이고, 외국인 유학생도 700여 명에 달하고 있습니다. 최근 한류의 영향으로 국내뿐만 아니라 전 세계의 우수한 학생들이 경희대 호텔관광대학을 지원하고 있습니다.

이렇게 우리 호텔관광대학이 양적 측면 뿐만 아니라 질적인 측면에서 크게 성장했음에도 불구하고, 호텔관광대학을 둘러싼 교육환경과 산업환경의 변화는 우리에게 혁신적인 변화를 요구하고 있습니다. 이 책은 그동안 세계 최고의 호텔관광대학을 지향하면서도 외면해왔거나 소홀히 했던 문제점들을 냉철하게 분석해서 드러내고 새로운 발전을 위한 초석으로 삼고자 시작되었습니다.

제 1장에서는 우리 호텔관광대학의 역사와 발자취를 정리했습니다. 제 2장에서는 우리의 현재를 교육, 연구, 산학협력, 국제화, 동문 네트워크의 영역으로 구분해서 현황을 파악하고 국내외 주요 호텔관광대학들의 사례조사를 통해서 시사점을 도출했습니다. 제 3장에서는 미래 전략을 수립하기 위해서 학령인구 감소와 교육서비스 시장의 변화, 온라인 교육의 확대, 기후환경변화와 환경오염으로 인한 지속가능성의 문제, 뉴노멀로 인한 호텔관광산업의 구조변화, 여가산업에서의 엔터테인먼트의 중요성 대두 등의 외부환경변화를 분석했습니다.

경희대 호텔관광대학의 역사, 현재, 그리고 환경의 변화를 분석하고 도출한 우리 호텔관광대학의 정체성에 부합하는 5가지 전략은 다음과 같습니다: 1. 지속가능성에 대한 시대적 사명 달성,

2. 경희대 호텔과 컨벤션 센터 설립을 통한 실천적인 연구와 교육 강화, 3. 해외 멀티 캠퍼스 구축을 통한 국제 네트워크 강화, 4. 호텔관광을 넘어 엔터테인먼트 및 여가산업 전반으로 범위 확대, 5. 학제 간 시너지 강화 및 행정 효율성 강화.

"호텔관광대학의 미래와 도전"은 세계 최고의 호텔관광대학을 만들기 위해서 발간 위원회 위원들이 약 6개월 동안 많은 집필 회의를 거쳐서 완성되었습니다. 교육과 연구에 바쁜 중에도 집필에 참여해준 위원들과 좋은 의견과 자료를 제공해 준 교수님들 그리고 행정실 구성원 여러분들께 이 자리를 빌어서 진심으로 감사드립니다. 특히 집필 회의 일정을 조율하고 내용을 종합해서 정리하고 출판을 위한 준비에 수고를 아끼지 않은 유창석 부원장에게 감사드립니다. 우리 호텔관광대학 구성원들의 이러한 노력이 세계 최고의 호텔관광대학을 만드는 밑거름이 되고 다른 대학에도 긍정적인 영향력을 미쳐서 호텔관광산업이 미래의 산업으로 발전하길 바랍니다.

2021년 9월

호텔관광대학 학장 / 관광대학원 원장 **윤 지 환**

목 차

제 1 장 경희대 호텔관광대학의 발전사 011

1. 경희대학교 호텔관광대학의 역사 013
2. 경희대학교 호텔관광대학의 편제 구성 020

제 2 장 경희대 호텔관광대학의 현재 023

I. 교 육 025

1. 경희대 호텔관광대학의 교육 목표 025
2. 경희대 호텔관광대학 교육 현황 026
3. 주요 경쟁대학의 교육 현황 033
4. 요약 및 시사점 038

II. 연구 040

1. 경희대 호텔관광대학의 연구 목표 040
2. 경희대 호텔관광대학 연구 현황 040
3. 주요 경쟁대학의 연구 현황 046
4. 요약 및 시사점 049

III. 산학협력 050

1. 산학협력의 중요성 및 경희대 호텔관광대학의 목표 050
2. 경희대 호텔관광대학 산학협력 현황 052
3. 주요 경쟁대학의 산학협력 현황 055
4. 요약 및 시사점 060

IV. 국제화 061

1. 경희대 호텔관광대학의 국제화 목표 061
2. 경희대 호텔관광대학 국제화 현황 062

3. 주요 경쟁대학의 국제화 현황 067
4. 요약 및 시사점 069

V. 동문 네트워크 070

1. 동문 네트워크의 중요성 및 경희대 호텔관광대학의 목표 070
2. 경희대 호텔관광대학 동문 네트워크의 현황 071
3. 주요 경쟁대학의 동문 네트워크 현황 074
4. 요약 및 시사점 080

제 3 장 경희대 호텔관광대학의 미래 083

I. 경희대 호텔관광대학을 둘러싼 환경의 변화 085

1. 교육환경의 변화 085
2. 산업환경의 변화 092

II. 경희대 호텔관광대학의 발전 전략 99

1. 지속가능성에 대한 시대적 사명 달성 101
2. 경희대 호텔과 컨벤션 센터 설립을 통한 실천적인 연구와 교육 강화 104
3. 해외 멀티 캠퍼스 구축을 통한 국제 네트워크 강화 107
4. 호텔관광을 넘어 엔터테인먼트 및 여가산업 전반으로 범위 확대 109
5. 학제간 시너지 강화 및 행정 효율성 강화 111

III. 경희대 호텔관광대학의 실천방안 113

1. 교육영역 실천방안 113
2. 연구 실천방안 124
3. 산학협력 실천방안 129
4. 국제화 실천방안 135
5. 동문 네트워크 실천방안 140

제 1장

경희대 호텔관광대학의 발전사

경희대학교 호텔관광대학

KYUNG HEE UNIVERSITY

COLLEGE OF HOTEL & TOURISM MANAGEMENT

1. 경희대학교 호텔관광대학의 역사

경희대학교 호텔관광대학은 1975년 설립된 경희호텔경영전문학교에서부터 시작되었다. 경희호텔경영전문학교는 한국정부와 유엔개발계획(UNDP: United Nations Development Programme), 그리고 국제노동기구(ILO: International Labor Organization)의 특별협정에 따른 공동사업에 기반하여 설립되었다.

〈사진1〉 국내 최초 호텔전문학교 1975년 개교 당시 모습 (출처: 경호20년사)

경희호텔경영전문학교는 우리나라 관광산업의 육성과 개발 촉진을 돕고 관광서비스 향상을 위한 관광진흥을 꾀하며, 국제수지 개선과 경제발전에 이바지할 수 있는 전문적 기술과 기능을 가진 유능한 관광호텔 중견직업인의 양성을 목표로 하였다. 설립 당시에는 호텔경영과와 식품영양과 등 2개 학과를 설치하였고 학생정원은 160명이었으며, 초대 학장에는 김원우 학장님이 취임하셨다. 1979년 3월에 교육법 개정에 따라 경희호텔경영전문대학으로 개편되었으며, 1980년에는 UNDP와 ILO의 공동사업으로 관광호텔 2급 지배인 과정 양성을 위한 특별과정이 야간 1년제로 개설되었다. 이 과정은 1996년까지 총 수료자 1,071명을 배출하였다. 1981년에는 편제를 확장하여 기존의 호텔경영과, 식품영양과, 관광통역과, 관광자원개발과, 조리과의 5개 학과로 확장되었다.

〈사진2〉 호텔관광대학 표석 제막식 (1990년, 오른쪽에서 여섯 번째 분이 조영식박사님)

<표1> 경희호텔경영전문대학 발전과정

년 도	일 자	내 용
1970	07.01	• UNDP/ILO, 한국정부와 고황재단(조영식 이사장) 간의 UNDP 호텔학교 설립을 위한 원칙적 합의
1971	01.17	• ILO 파견전문가(Mr.Lookos)의 UNDP 호텔학교 설립 최종사업 세부계획 및 관계기관의 승인요청
1974	03.14	• 한국정부, ILO 집행기관UNDP 측간의 동사업승인
1975	03.24	• 경희호텔경영전문학교 교육부 설립인가
	03.28	• 본교 개교식 및 입학식 거행(호텔경영과 80명, 식품영양과 80명)
	03.30	• 본관 건물 준공(지상 6층, 연건평 1,120평)
	04.01	• 초대교장 이원우 교수 취임
1977	02.25	• 제1회 졸업식(142명) 거행
1979	01.01	• 경희호텔경영전문대학으로 개편승격인가(호텔경영과를 경영과로 변경)
	03.01	• 2대 학장 김병운 교수 취임
	11.01	• 관광호텔 2급 지배인양성 특별과정 설치(교통부승인 및 교육부인가)
1981	02.06	• 학칙변경인가(경영과 120명, 식품영양과 80명, 관광통역과 80명, 호텔경영과 40명, 관광자원개발과 80명) 입학정원 400명
	04.11	• 제2호관 준공(지하1층, 지상 3층, 연건평 560평)
1982	10.08	• 학칙변경인가(경영과 120명을 폐과, 호텔경영과 40명에서 160명으로 증원)
1983	09.16	• 학칙변경인가(조리과 40명 신설, 기존 호텔경영과 160명을 120명으로 감축)
1988	01.25	• 3대 학장 서성한 교수 취임
	04.15	• 제3호관(학생복지관) 준공(지하1층, 지상4층, 연건평 255평)
	12.29	• 학칙변경인가(호텔경영과 80명, 조리과 80명 증설)
1989	12.04	• 학칙변경인가(야간강좌 관광통역과 40명 증설)
1990	11.13	• 학칙변경인가(야간강좌 관광통역과 40명을 80명으로 증원, 관광자원개발과를 관광경영과로 과명 변경, 입학정원(주간 400명, 야간 240명), 총계 640명
1993	03.01	• 4대 학장 김병일 교수 취임
	09.10	• 학칙변경인가(야간강좌 관광경영과 80명 증설)
1995	03.01	• 학칙변경인가, 기존 관광통역과(160명)를 관광영어통역과(80명)와 관광일어통역과(80명)로 세분하여 인가, 학생정원 720명(주간400명, 야간 320명)
1997	02.13	• 5대 학장 유공조 교수 취임
	02.18	• 경희호텔경영전문대학 제22회 졸업식

1996년까지 호텔경영전문대학은 호텔경영과, 식품영양과, 관광영어통역과, 관광일어통역과, 관광자원개발과, 조리과 등 6개 학과에 전임교수 29명, 재학생 1,500여명으로 학교가 성장하였으며, 이때까지 6,882명의 졸업생을 배출하였다. 그동안 학교의 눈부신 발전과 더불어 그 위상이 한층 높아진 경희호텔경영전문대학은 1997년 12월에 경희대학교의 단과대학으로 편입되어서 현재의 경희호텔관광대학으로 자리잡았다.

1999년에는 관광산업에서 실무경험을 가지고 있는 전문가들을 대상으로 산업의 리더 및 경영자로서 소양을 키우기 위해 관광대학원을 설립하고 호텔·관광경영학과, 국제회의산업학과, 조리외식산업학과의 3개 학과에 대한 석사과정과 전문연구과정, 그리고 최고관리자과정을 신설하였다. 초대 관광대학원장으로는 유공조 박사가 취임하였다.

2006년에는 국내에서 유일하게 UNWTO(United Nations World Tourism Organization)의 협력기관으로 지정되었다. UNWTO 아시아-태평양 뉴스레터를 발간하여 전세계에 배포(연 4회 발행)하여, 경희대학교 호텔관광대학의 위상을 국제적으로 제고하는 데 기여하였으며 국제기구와 협력활동을 강화하였다.

2010년에는 세계적인 대학으로 웅비하기 위한 혁신과 변화를 추구한다는 차원에서 기존의 학과 체계를 Hospitality 경영학부와 관광학부의 두 개 학부 체계로 개편하였다. Hospitality 경영학부 내에는 호텔경영학과, 컨벤션경영학과, 외식경영학과, 조리·서비스경영학과의 4개 학과가 포함되어 경영인증을 기반으로 커리큘럼을 개편하였으며, 관광학부 내에는 복합학문에 기초한 커리큘럼을 운영하는 관광학과와 문화관광콘텐츠학과가 포함되었다.

〈사진3〉 2013 경희호텔관광인의 대모임 (출처: 호텔&레스토랑)

〈사진4〉 경희대학교 호텔관광대학 학부 학생

2014년에는 산학연계를 통한 실무능력의 심화와 실무적·학문적 지식의 축적을 통한 전문인력 양성을 목표로 2개의 특성화학과(문화관광산업학과와 조리산업학과)를 신설하여 2015년부터 운영을 시작하였다.

2020년에는 4차 산업혁명 및 포스트 코로나 시대에 효과적으로 대응할 수 있는 스마트관광 인재 양성을 위해 스마트관광원을 신설하였다. 관광 및 호스피탈리티 경영의 전공 지식 뿐만 아니라 ICT 기반 데이터 융복합 과목까지 포괄하는 수업을 통해 최근 급변하는 관광산업의 인력 및 전문가 수요에 대응하는 것을 목표로 하였으며, 이러한 취지를 인정받아 BK21 4단계 사업단으로 선정되어 7년간 52억원의 정부지원을 받게 되었다.

호텔관광대학은 2018년에는 상하이랭킹에서 hospitality & tourism 분야 국내 1위 및 세계 8위, 2020년 QA 세계랭킹 hospitality & leisure 분야에서는 국내 1위 및 세계 35위를 달성하였으며, 지금까지 꾸준하게 세계적인 대학으로서 위상을 유지하며 발전해오고 있다.

2020 QS 세계랭킹
Hospitality & Leisure 분야
국내 1위 (세계 35위)

2018년 세계대학평가(상하이랭킹)
Hospitality & Tourism 분야
국내 1위 (세계 8위)

〈그림1〉 경희대학교 호텔관광대학 세계랭킹

<표2> 경희대학교 호텔관광대학 발전현황

년도	일자	내용
1998	03.01	· 경희대학교 관광대학으로 4년제 단과대학 승격 개편: 관광학부(호텔경영학전공, 관광경영학전공, 관광영어통역학전공, 관광일어통역학전공), 조리과학과, 급식산업학과(야간) 등 입학정원 360명
1999	02.19	· 경희호텔경영전문대학 제23회 졸업식(691명) 거행
	03.01	· 대학명을 관광대학에서 호텔관광대학으로 변경, 관광학부 180명 주간으로 모집
	03.02	· 호텔관광대학 입학식 거행(입학정원 360명): 관광학부 주간 180명, 호텔관광경영학과 60명(야간), 급식산업학과 40명(야간), 조리과학과 80명(야간)
2000	03.01	· 급식산업학과 40명, 조리과학과 80명 주간으로 모집
2001	08.06	· 6대 학장 안서규 교수 취임
	03.01	· 급식산업학과를 외식산업학과로 학과명칭 변경 · 호텔관광경영학과(야간)를 컨벤션산업학과(주간)으로 학과명칭 및 판제 변경
	07.01	· 7대 학장 이기종 교수 취임
2005	03.01	· 컨벤션산업학과를 컨벤션경영학과로 학과명칭 및 편제 변경
2009	01.16	· 8대학장 김철원 교수 취임
2010	03.01	· 관광학부 4개학과(호텔경영학과, 관광경영학과, 문화관광콘텐츠학과, 컨벤션경영학과), Hospitality 경영학부에 경영인증제 도입 및 교과과정 개편

년도	일자	내 용
2011	03.01	• Hospitality경영학부 4개학과(호텔경영학과, 컨벤션경영학과, 외식경영학과, 조리　서비스경영학과), 관광학부 2개학과(관광학과, 문화관광콘텐츠학과)로 편제 개편
2015	01.08	• 9대 학장 변정우 교수 취임
	03.01	• 특성화학과(문화관광산업학과, 조리산업학과) 신설
2016	10.14	• 10대 학장 김대관 교수 취임
2019	10.18	• 11대 학장 윤지환 교수 취임
2020	09.01	• BK21 Four 사업 선정 (4단계 두뇌한국21, 7년간 52억)

2. 경희대학교 호텔관광대학의 편제 구성

2021년 현재 경희대학교 호텔관광대학은 2개 학부 내 6개 학과, 그리고 학부와는 별도로 설치된 2개의 특성화학과로 구성되어있다. 대학원의 경우 일반대학원으로는 호텔경영학과, 컨벤션경영학과, 조리외식경영학과, 관광학과, 문화관광콘텐츠학과의 5개 학과에 최근 신설한 스마트관광원이 2020년에 추가되었다. 특수대학원으로는 관광대학원 내에 호텔경영학과, 관광학과, 컨벤션전시경영학과, 조리외식경영학과, 와인 · 소믈리에학과, 부동산학과, 문화관광엔터테인먼트학과의 7개 학과가 있으며, 특별연구과정으로 문화관광산업경영과정, 와인 · 워터 · 티 마스터 소믈리에 전문가과정, 경희대-브루웍스 비어 마스터 과정, 커피스페셜리스트과정과 함께 호스피탈리티 · 관광산업 최고경영자과정을 운영하고 있다.

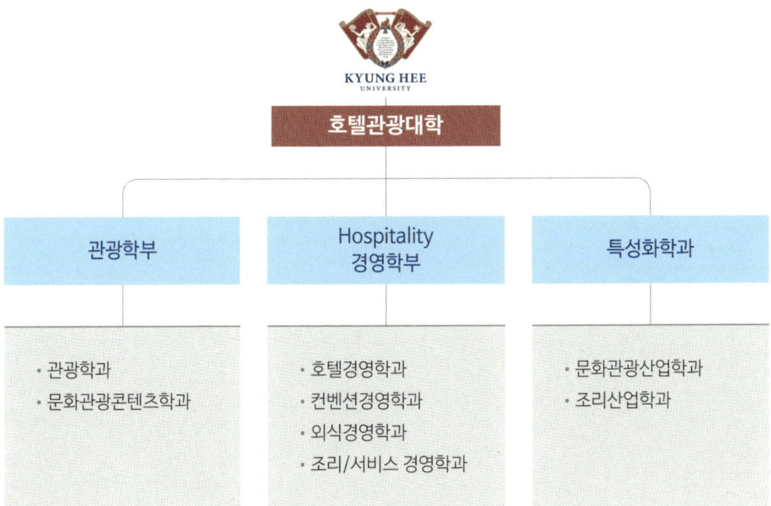

〈그림2〉 경희대학교 호텔관광대학 학부 교육체계 구성도

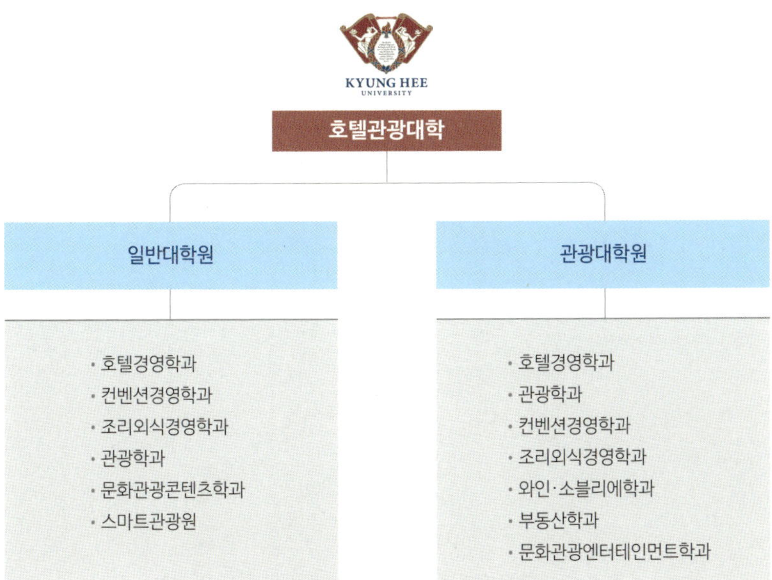

〈그림3〉 경희대학교 호텔관광대학 대학원 교육체계 구성도

제 2장

경희대 호텔관광대학의 현재

KYUNG HEE UNIVERSITY

COLLEGE OF HOTEL & TOURISM MANAGEMENT

I. 교육

1. 경희대 호텔관광대학의 교육 목표

경희대학교 호텔관광대학의 비전은 '문화세계의 창조'라는 경희정신과 인간중심의 경영 교육이념에 기반한 세계 최고 수준의 Hospitality & Tourism 교육기관이다. 여가(Leisure)라는 학문적 배경 아래 관광산업 전반에 걸쳐 실무능력을 가진 전문 인력을 양성하는 것을 교육 목표로 하고 있다.

Hospitality경영학부는 Hospitality 산업의 경영에 관한 실천적, 실용적 학문탐구를 통하여 미래의 전문 경영자로서의 자질과 역량을 배양하고, 학문적 지식의 축적을 통한 산업의 전문 인력을 양성하는데 그 목적을 두고 있다. 관광학부는 여가 및 관광과 관련된 다양한 학문 분야의 이론적 지식과 현장실습을 통하여 산업에서 요구하는 국제적 수준의 전문 인력을 양성하는 것을 그 목적으로 하고 있다.

두학부가 지향하는 산업과 학문적인 특성에는 차이가 있으나, 이론과 실무능력 모두를 갖춘 인재를 육성하는 것을 공통된 목표로 하고 있다.

2. 경희대 호텔관광대학 교육 현황

1) 경희대 브랜드에 힘입어 호텔관광분야 1위 달성

경희대 호텔관광대학은 1975년에 설립된 경희호텔경영전문학교를 기반으로 발전한 단과대학으로서, 지금까지 15,000명 이상의 졸업생을 배출하였다. 경희대의 브랜드와 동문들의 뛰어난 활약에 힘입어 경희대는 호텔관광분야에서 명실공히 국내 1위의 브랜드를 구축하였으며, 매년 뛰어난 인재들이 진학하여 이러한 입지를 강화하고 있다. 2018년 상하이 랭킹의 전세계 호텔관광대학 분야 평가에서 8위를 기록하였으며, 연구와 교육 측면에서 세계적으로 높은 경쟁력을 자랑하고 있다.

현재 호텔관광대학은 학부와 대학원을 합쳐 약 3,200명 정도의 학생들이 재학 중에 있다. 재학생 규모로는 호텔관광대학 중 국내 1위이며, 국제적으로도 대형 호텔관광대학에 속한다. 이는 국내외 어디를 가든 관광산업 어느 분야에서도 쉽게 경희대 호텔관광대학 동문을 만날 수 있다는 것을 뜻한다. 교수와 학생들이 호텔관광분야에서 1순위로 지망하는 대학이 경희대학교이기 때문에 단순히 규모만 큰 것이 아니라 우수한 인재들이 많이 몰리고 있다. 한류의 영향, 그리고 경희대의 국제적인 명성 및 영향력의 증가로 인해 이제는 국내 뿐만 아니라 전 세계의 우수한 인재들이 경희대 호텔관광대학을 지원하고 있다.

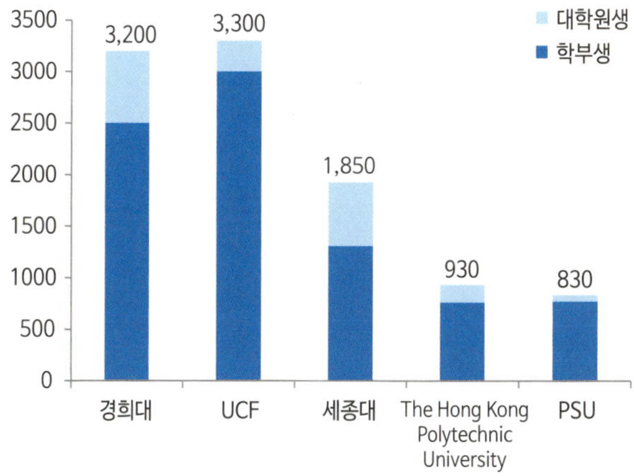

〈그림4〉 세계 주요 호텔관광대학 학생정원 비교

포스트 코로나의 변화에 대응하기 위해 경희대 호텔관광대학은 인공지능, 빅데이터, 메타버스, 블록체인 등 차세대 신기술을 관광학 분야에 접목하여 관광과 호스피탈리티 분야의 ICT 융합형 인재를 양성하고자 '스마트관광원'을 신설하였으며, 이 대학원 커리큘럼의 우수성을 인정받아 '두뇌 한국21(BK21)' 4단계 사업에 선정되어 국가의 지원을 받게 되었다.

2) 개선이 필요한 교육관리체계

경희대 호텔관광대학은 국내 1위 브랜드라는 명성을 갖고 있으며, 이러한 명성에 힘입어 뛰어난 학생들이 경희대 호텔관광대학에 입학하고 있다. 이렇게 입학한 학생들은 호텔관광분야의 1위 대학에 걸맞는 세계적인 교육과 관리체계를 기대하고 있다. 경희대 호텔관광대학의 교육 커리큘럼 및 관리체계는 국내 대학수준에서도 매우 높은 편에 속하고 있으나, 학생들의 높은 기대수준에 부응하기 위해서는 좀 더 개선이 필요하다. 특히 현재 학부제로 편제가 구성되어 있지만, 수업 및 행정업무는 학과 중심으로 진행되고 있는 분화된 관리 체계는 교육 전반에 걸쳐 여러 가지 한계와 어려움을 만들어내고 있다.

학부제 내에서 학과로 분절된 구조는 단과대학 내 교육 커리큘럼이 거시적인 관점에서 구성되지 못하고 학과의 한정된 교육자원 및 니즈에 기반하여 만들어지는 한계를 가지고 있다. 이로 인해 경희대 호텔관광대학의 교육 커리큘럼은 해외 명문 호텔관광대학들과 비교할 때 저학년과 고학년의 학습목표가 상대적으로 불명확하게 나타나고 있다. 저학년과 고학년이 배워야 할 과목이 섞여 있어 학생들 뿐만 아니라 과목을 가르치는 교수들도 어려움을 겪고 있다. 이러한 구조적 한계로 인해 상대적으로 수업 내용의 범위와 깊이가 국제적인 수준에 미치지 못하는 것으로 나타났으며, 학과 내 수업 간 내용의 중복도 발생하고 있다. 또한 학과별로 교육 커리큘럼이 운영되고 있기 때문에 학과 간 교과목의 중복도 상당히 많이 발생하고 있어 학생들의 수업 선택권에 지장을 주고 있다.

실용학문의 특성상 학생들은 학부 교육에서 호텔관광산업의 이해를 바탕으로 충분한 현장경험과 실습을 기대하고 있다. 경희대 호텔관광대학은 실무교육을 중요시하는 현장실습의 전통을 가지고 있었으나, 노동관련법 강화로 인한 호텔 인턴십 프로그램들의 점진적 폐지, 강사법으로 인한 겸임교수 채용의 난이도 증가, 그리고 대학 평가를 위한 연구중심 전임교수 채용체계의 도입으로 인하여 교과과정 내에서 실용적인 수업을 진행하는 데 어려움을 겪고 있다. 물론 오랜 경력을 가지고 있는 전문가들을 강사 및 겸임교수로 다수 모셔서 현장에 기반한 수업 및 특강을 진행하려고 최선을 다하고 있으나 여전히 학생들의 요구 수준에는 미치지 못하고 있다. 이로 인해 사회 또는 산업의 요청과 교육과정 사이에 갭이 발생하고 있으며, 이는 학생들의 불만 및 전공에 대한 불만족으로 표출되고 있다.

교육의 물리적 환경 및 실습환경측면에서도 학생들의 기대와 괴리가 존재한다. 실습과 관련된 공간 및 커리큘럼이 존재하고 있으나 관련한 자원 부족으로 효과적인 운영에 어려움을 겪고 있다. 이로 인해 학생들은 실습환경에 대해 불만이 누적되어 가고 있다, 실습관련 교육을 담당하는 교수들이 외부 기부금을 통해 실습환경 개선을 꾀하고는 있으나 학생들의 규모에 비해서는 미미해서 학생들이 인지하기 어려운 상황이다.

3) 전임교수 감소로 인해 교육 서비스 품질의 하락

2010년부터 2015년까지 경희대 호텔관광대학은 전임교수가 45명에서 50명 수준으로 국제적으로도 호텔관광대학에서 가장 많은 전임교수를 보유한 학교 중의 하나였다. 교수 1인당 학생수 측면에서도 국제적인 호텔관광대학 명문대 수준의 교육을 진행하고 있었다. 하지만, 2015년 이후 현재까지 15명의 전임교수가 퇴임하였음에도 불구하고 신규 충원은 3명밖에 이루어지지 않았다. 이로 인해 2021년 현재 호텔관광대학의 전임교원은 37명으로 2015년 대비 26% 감소하였다.

〈그림5〉 전임교원 수의 변화

〈그림6〉 전임교원 1인당 재학생수의 변화

반면에 학부에서는 2개의 특성화학과가 신설되었을 뿐만 아니라 대학원의 경우 2010년대 초에 비해 학생 수가 2배 가까이 증가하였다. 이로 인해 전임교수 1인당 재학생 수는 2010대 초반에는 53명에서 63명 수준이었으나, 2021년 9월 현재에는 87명 수준까지 증가하였다. 이는 2013년 대비 약 63% 증가한 것으로서 전임교수는 학생들에 대한 시간을 충분히 할애하기 어려운 상황으로 변하고 말았다.

이는 단순히 학생에 대한 전임교수의 부담이 63% 증가한 것으로 그치지 않는다. 현재 호텔관광대학은 학과장이나 주임교수 등 단과대학 운영을 위한 보직이 상당히 많은 편이다. 현재 전임교수의 57%인 21명이 단과대학 및 학교의 업무 보직을 맡고 있는 상황이어서 상당한 수준의 시간을 행정업무에 투입하고 있는 상황이다. 주요 보직자들이 2개 이상 중복으로 보직업무를 진행하여 효율화를 꾀하고 있음에도 전임교수의 반 이상이 단과대학 운영업무에 투입되고 있다.

전임교원 1인당 재학생 수의 증가 및 보직업무에 따른 행정업무 비중의 증가는 필연적으로 학생들 지도에 영향을 미치고 있다. 교원의 고령화로 인해 신규 지도학생을 받지 못하는 전임교원이 증가하고 있는 대학원에서는 이러한 영향이 더욱 더 크게 나타나고 있어서 교수 1인당 대학원 지도학생이 50여 명이 넘는 사례도 발생하고 있는 상황이다. 이로 인해 학생들이 체감하는 학교 교육 서비스 품질은 통계로 보이는 상황보다 더 낮게 인지되고 있을 가능성이 높다.

전임교원의 반 이상이 보직업무를 맡고 있는 상황은 상당 부분 현재 호텔관광대학의 비효율적인 구조에 기인한다. 8개의 학부 학과 및 7개의 특수대학원 학과로 분절되어 있는 구조는 동일한 업무임에도 불구하고 여러 교수가 동일한 업무를 수행하는 비효율적인 구조를 만들어내고 있다. 교육 및 산업환경이 급격하게 변화하고 있는 상황에서 산업적으로 세분화된 학과 형태의 단과대학 구조에 대해서는 다시 한 번 논의할 필요가 있다.

수업 조교의 축소도 교육 서비스 품질에 상당 부분 영향을 미치고 있다. 2010년 초반의 경우 각 교수마다 1인의 학부생 조교 및 1인의 대학원생 연구조교가 지원되어서 수업 및 행정업무에 도움을 주었다. 하지만 비용효율화로 인해 이러한 조교 지원이 점점 사라지게 되었다. 이로 인해 교수들은 실습 활동을 축소하고 이론 위주로 수업을 운영하고 있으며, 과제의 평가 등도 면밀하게 검토하는데 어려움을 겪고 있다. 이러한 수업 지원의 상당 부분을 학과의 행정조교가 일부 떠맡게 되었으나, 기존의 행정조교 장학금도 반으로 축소되는 바람에 행정업무의 성과에도 영향을 미치고 있는 상황이다. 무엇보다 조교에 대한 지원금은 반으로 줄었으나, 행정조교의 인원은 늘지 않아 업무 자체는 줄지 않은 상황이어서 조교들의 불만들도 매우 높은 상황이다. 이로 인해 학생들에게 양질의 서비스를 제공하기 어려운 구조적인 어려움이 발생하고 있다.

외국인 학생들의 증가 역시 학교의 교육 서비스에 부담을 증가시키고 있다. 이질적인 문화와 언어를 가지고 있는 외국인 학생들과 내국인 학생들을 융합시키고 양질의 교육 서비스를 제공하기 위해서는 추가적인 자원 투입이 필요하지만 이에 대한 행정지원은 매우 미흡한 상황이다. 개별적으로 교수 차원에서 자원봉사나 재능기부 등을 통해 외국인 학생들에 대한 서비스 지원을 하고 있으나, 학교 시스템 내에서 이루어지는 것이 아니기 때문에 연속성 및 서비스 범위, 품질 측면에서 한계가 있다.

3. 주요 경쟁대학의 교육 현황

경희대 호텔관광대학은 2021년 1학기부터 상하이 랭킹 상위권 대학 중 경희대 호텔관광대학과 비교가 될만한 11개 대학의 교육 시스템 및 커리큘럼을 상세하게 살펴보는 작업을 진행하였다.

분석 결과, 국내외 주요 경쟁대학들은 각각의 대학들이 가지고 있는 고유한 특성 및 역량을 적극적으로 발전시키는 방향으로 교육 서비스를 제공하고 있음을 확인할 수 있었다. 특히 사회, 기술 환경의 변화 및 이로 인한 인적자원에 대한 수요 변화를 교육과정에 성실하게 반영하고 있었다. 교육과정에 반영하는 방법은 학교의 특성에 따라 편제 개편, 교과목 개설, 새로운 학위 제공, 융복합 과정 등 다양하게 나타나고 있었다.

비교 대상 학교 대부분은 실무교육을 교육의 핵심적인 요소로 인지하고 있으며 캡스톤 또는 인턴십 프로그램을 필수과목으로 운영하여 졸업 전 실무경험을 직간접적으로 쌓을 수 있도록 하고 있었다. 또한 학교 내부에 실무교육이 가능한 시설을 운영하고 있거나, 산학협력을 전담으로 다루는 부학장을 신설하는 등 인턴십 프로그램을 활성화하는 데 전력을 다하는 모습을 공통적으로 확인할 수 있었다.

주요 호텔관광대학의 교육 서비스에서 또 하나 주목해야 할 점은 호텔관광대학이 다루는 범위가 호텔이나 관광산업을 넘어 여가산업 전반에 걸쳐 넓게 분포하고 있으며, 산업의 변화에 따라 이러한 범위를 확장해나가고 있다는 점이다. 분석대상 11개

대학 중 4개 대학(Griffith University, Temply University, The Pennsylvania State University, University of South Carolina)이 스포츠 경영을 세부전공으로 포함하고 있으며, 경험 경영(Experience Management) 또는 엔터테인먼트 경영(Entertainment management) 분야로 범위를 확장한 호텔관광대학도 5개 대학(The Hong Kong Polytechnic University, University of Central Florida, Temple, Virginia Tech, University of South Carolina)이나 되는 것을 확인하였다. Data Analytics나 A.I., 스마트관광, Senior Living Management 분야로 확장하는 대학도 증가하고 있으며, 호텔관광 영역에서 다루기 어려운 영역을 포괄하기 위해 다른 단과대학과 융합과정을 통해 성과를 내는 것을 볼 수 있었다.

여기에서는 경희대와 같이 규모가 큰 호텔관광대학인 The Hong Kong Polytechnic University와 미국 University of Central Flonida에 대해서 좀 더 상세하게 소개해보고자 한다.

1) The Hong Kong Polytechnic University

The Hong Kong Polytechnic University는 2021년 상하이 랭킹 호텔관광분야 1위를 차지한 학교로서 관광중심지 홍콩이라는 지리적 환경에 기인한 호텔 및 관광인력 수요에 부응하는 실천적 교육과 함께 적극적인 교원 채용을 통해 국제적인 경쟁력을 확보하고 있다. 학교 내에 직접 운영하는 호텔 및 레스토랑이 있으며,

이를 통해 현장에 기반한 수업을 진행하고 있다. 학과는 호텔경영학과(Department of Hotel Management)와 관광이벤트경영학과(Department of Tourism Event Management)의 두 개의 학과로 구성되어 있다.

교수진은 겸임교수까지 포함하여 82여명 수준으로 세계 호텔관광대학 중 가장 많은 교수진을 확보하고 있으며, 단과대학 내 직원 수도 약 80여 명 수준으로 알려져 있다. 교수들은 특정 학과가 아니라 단과대학 내에 소속되어 있어서 유연한 편제가 가능한 구조를 가지고 있다. The Hong Kong Polytechnic University는 호텔관광대학의 학장이 인사권 및 예산권 등을 갖고 있어서 매우 빠른 의사결정을 하기로 유명하며, 주요 분야별로 연구 부학장, 교육 부학장, 산학협력 부학장을 두어 각 부분의 활동을 전담하여 지원하고 있다. 교육 부학장은 1학기에 2번씩 모든 교수, 강사 및 학생대표와 의견을 청취하는 간담회를 운영하여 학생 의견을 수렴하고, 학생 의견을 바탕으로 단과대학 내 강의 커리큘럼들이 주제가 서로 겹치거나 충돌이 나지 않도록 가이드를 한다. 이러한 강의 조정의 목표는 학생들이 가능한 겹치는 내용을 피하고 넓게 배울 수 있도록 하는 데 집중하고 있다.

학부의 경우 졸업을 위해서는 일반적으로 121 ~ 124 학점을 이수하여야 하며 (1) 일반대학요건 (언어 및 커뮤니케이션 요구사항, 클러스터 영역 요구 사항 그리고 공통 필수 항목에 포함된 과목들)

에 해당하는 30 학점, (2) 전공에 관련된 76학점을 이수하여야 한다. 또한 졸업을 위해서는 7학점의 업무 통합 교육과 전문성 개발과목 (인턴십)을 반드시 이수해야 한다. 전공 수업들은 난이도별로 레벨이 나뉘어 있으며, 졸업을 위해서는 최소 9학점 이상의 레벨 3 이상의 수업을 이수하여야 한다. 전공 수업이 학년별 또는 난이도별로 체계화되어 있는 것은 미국이나 영국 등 주요 호텔관광대학에서 보편적으로 나타나는 수업 체계이다.

전공필수 수업의 경우 약 100여명 이상이 수강하는 대형강의로 운영하고 있는데 2시간 정도 수업 후 1시간 세미나를 진행하는 구조로 되어 있다. 세미나 시간에는 수업 조교를 대규모로 투입하여 소규모 그룹별로 심도 있는 토론을 진행하여, 이를 통해 대형강의 수업이 가지고 있는 교육의 한계를 극복하고 있다.

2) 미국 UCF(University of Central Florida)

디즈니월드가 위치해 있으며, 은퇴자의 천국으로 불리는 플로리다주의 올랜도에 위치한 UCF는 변화하는 기업과 산업의 사회적 수요를 교육 프로그램에 적극 반영하는 학교로 알려져 있다. UCF의 호텔관광대학인 Rosen College of Hospitality Management는 외식숙박경영학과(Department of Foodservice & Lodging Management), 호스피탈리티 서비스학과(Department of Hospitality Services), 그리고 관광 이벤트 어트랙션 학과

(Department of Tourism, Events, & Attractions)의 3개 학과로 구성되어 있다.

최근 고령화로 인한 산업의 변화에 대응하기 위해 기존 편제는 그대로 유지하면서 B.S. Senior Living Management라는 새로운 학위과정을 개설하였으며, 이 학위과정은 보건대학과 공동으로 과목을 운영하고 있다. 호텔관광 및 여가산업에서 기술 및 경험이 중요한 핵심 요소로 자리매김함에 따라 대학원 과정에서 M.S. Travel Technology and Analytics라는 학위과정을 공과대학과 함께 공동으로 개설하였으며, 경험과 관련하여서는 M.S. Themed Experiences라는 학위과정을 인문대학과 공동으로 개설하여 산업 트렌드 변화 및 지역 내 인력 수요에 대응하고 있다. 또한 언택트 환경에 맞추어 온라인 과정으로 대학원 석사과정을 운영하고 있기도 하다.

UCF는 재학생이 학부생과 대학원생 포함 총 3,300여 명으로 호텔관광분야에서 가장 큰 대학 중 하나이며, 이러한 규모에 걸맞게 전임교수 50명, 직원 57명이 단과대학에 소속되어 있다. 전임교수들의 전공분야는 Hospitality Management 및 마케팅이나 재무, 인사 등 경영학에 집중되어 있기는 하나 테마파크, 엔터테인먼트, 골프산업, 창업, IT, 관광 등 다양한 분야의 전공도 포괄하고 있다.

학부 졸업을 위한 총 이수학점은 총 120학점으로 이중 전공학점은 79학점(전공필수 49, 섹터필수 9, 트랙필수 15, 인턴십 3, 캡스톤 3)으로 구성되어 있으며, 인턴십과 캡스톤은 모두 졸업 필수요건 과목이다. 전공 커리큘럼에서 독특한 것은 트랙이라는 개념인데 다른 대학처럼 산업군별 또는 경영학 세부 학문별로 구분을 하는 것이 아니라 지역 인력 수요에 맞게 테마파크, 숙박업, Hospitality IT, 엔터테인먼트 경영, 이벤트 경영와 같이 실용적인 구분을 따르고 있으며, 트랙에 맞게 학위(ex. B.S. Entertainment Management) 를 수여한다.

4. 요약 및 시사점

경희대학교 호텔관광대학은 경희대학교가 가진 높은 브랜드 가치에 힘입어 국내 뿐만 아니라 국제적으로 인정받는 교육기관으로서 자리매김을 하고 있다. 규모 측면에서도 세계적인 호텔관광대학에 걸맞는 재학생 규모 및 전임교수진을 확보하고 있다. 사회의 변화에 있어서도 면밀하게 대응하여 4차산업혁명 및 여가산업의 확대에 맞추어 교육 커리큘럼을 개발하고 학교 편제를 바꾸는 능동적인 모습을 보이고 있다.

하지만 우수한 학생들을 유치하는 만큼 학생들이 요구하는 교육의 질적 및 양적 수준은 상당히 높은 상황이며, 이러한 요구에 맞추어 좀 더 교육의 품질을 높일 필요가 있다. 특히 연구중심 대학이라는 대학 전체의 전략적 방향으로 인해 호텔관광대학에서 실무교육의 중요성 및 실무교육을 위한 환경이 상대적으로 감소한 부분에 있어서는 깊은 성찰이 필요하다. 전임교수의 감소 역시 학생들에게 제공하는 교육서비스의 질적하락에 중요한 영향을 미치고 있으며, 주요 경쟁대학의 수준에 맞추어 개선이 필요하다. 그동안 지속적으로 진행해 온 호텔관광대학의 편제 개편으로 인한 유사한 학과의 존재는 교육의 효율성을 저해하고 있으므로 개선의 필요성이 지속적으로 제기되고 있다.

이러한 개선 방향을 고려함에 있어서 세계적인 호텔관광대학들의 교육에 공통적인 특징이 있는지 살펴보았다. 기본적으로 각각의 대학들이 가지고 있는 고유한 특성 및 역량을 기반으로 이를 적극적으로 발전시키는 방향으로 교육서비스가 발달하고 있지만 공통적으로 크게 세가지 특성이 있음을 확인할 수 있었다. 첫 번째로는 호텔관광대학들이 실무교육에 큰 중심을 두고 교육 커리큘럼을 운영하고 있는 것을 확인할 수 있었다. 두 번째로 사회, 기술 환경의 변화 및 이로 인한 인적자원에 대한 수요 변화를 교육과정에 성실하게 반영하고 있었다. 마지막으로 호텔관광분야 뿐만 아니라 여가 관련 산업 전반에 걸쳐 교육분야를 확장시키고 있었다.

이를 통해 경희대 호텔관광대학이 그동안 추구해 온 교육 서비스의 개선도 세계적인 호텔관광대학의 전략방향과 크게 차이가 나지 않는 것을 확인할 수 있었다. 또한, 경희대 호텔관광대학이 그동안 쌓아놓은 고유한 가치를 드러내는 방향으로 교육을 차별화하는 것이 중요함을 확인할 수 있었다.

II. 연구

1. 경희대 호텔관광대학의 연구 목표

연구는 대학의 핵심적인 3대 기능(교육, 연구, 사회봉사)의 하나로서, 연구를 통해 창출되는 지식은 지식기반사회에서 21세기의 국가경쟁력의 원천으로 작용하고 있다. 특히 호텔관광과 같은 서비스 산업에서 대학은 산업보다 더 많은 연구인력과 자원을 통해 새로운 지식을 창출하고 산업의 성장을 이끄는 역할을 수행하고 있다. 이러한 측면에서 경희대 호텔관광대학은 국내 최고의 대학이라는 브랜드에 걸맞는 연구인력을 바탕으로 지난 10년간 양적으로 빠른 성장을 이루어 왔다. 이제는 질적인 측면에서 성장을 목표로 하고 있으며, 2027년 QS Hospitality & Leisure 분야 세계 10위권 진입 목표로 연구 역량 강화에 집중하고 있다.

2. 경희대 호텔관광대학 연구 현황

1) 지난 10년간 급격하게 연구역량이 성장

경희대학교는 지난 10여년 간 급격하게 연구역량이 성장하여 각종 국제 대학평가의 호텔관광분야에서 세계적인 위상을 입증한 바 있다. 2018년 상하이 랭킹 호텔관광분야에서는 세계 8위를 달성하였으며, 2020년 QS 랭킹 호텔관광분야에서는 35위를 달성하며 호텔관광 및 여가관련 영역에서 세계적으로 주목받는 연구대학으로 자리매김을 하였다. 이러한 성취는 경희대학교 단과대학 부문 중에서 가장 높은 수치이기도 하다.

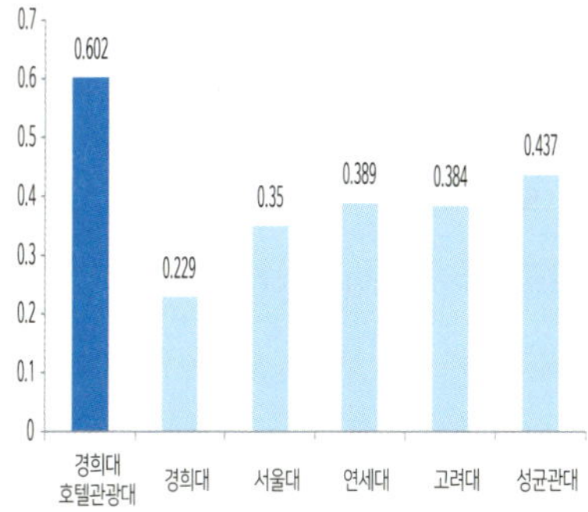

〈그림7〉 교수 1인당 연간 SCI 국제논문 편수[1)]

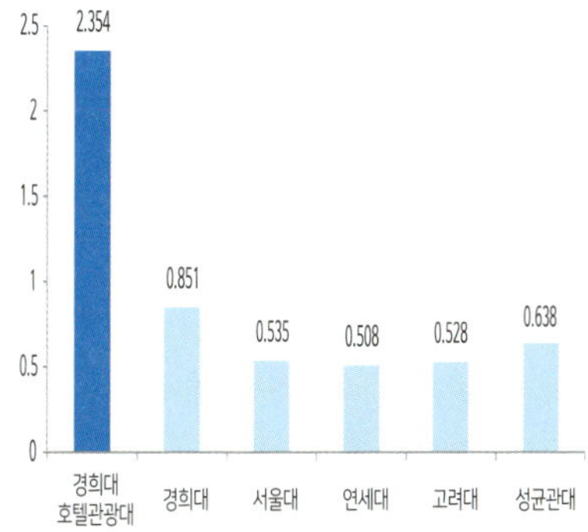

〈그림8〉 교수 1인당 연간 국내등재지논문 편수

경희대학교 호텔관광대학의 연구역량을 잘 보여주는 것 중 하나는 양적인 성과이다. 경희대 호텔관광대학의 전임교수 1인당 연간 SCI급 국제논문 편수는 0.602편, 전임교수 1인당 국내 등재지 게재편수는 2.354편으로으로 서울대나 연세대, 고려대 등의 사회과학계열 평균을 월등하게 상회하고 있으며, 경희대 내부에서도 사회과학 계열 단과대학 중에서 가장 뛰어난 양적 성과를 보여주고 있다.

2) 양적인 측면 뿐만 아니라질적인 측면에서도 높은 평가

경희대 호텔관광대학은 연구의 질적 측면에서도 좋은 지표를 보

---

1) 통계는 2019년 기준. 주요대학의 성과는 사회과학 계열 평균 기준을 비교하였음

이고 있다. QS 학문분야 평가에 2017년에 호텔관광 분야가 신설되었을 때 경희대 호텔관광대학은 세계 31위에 올랐으며, 현재까지 그 순위권을 유지하고 있는 편이다. 이는 연구의 질적 성장과 그에 따른 학계 평판도가 높아진 결과로 보인다. 특히 최근 5년간 게재한 887편의 논문 중 100편이 분야별 상위 20% 저널에 게재되는 등 질적으로 더 우수한 논문을 쓰는 경향이 증가하고 있다.

질적인 성과 측면에서 주목해야 하는 것 중 하나는 FWCI(Field Weighted Citation Impact)이다. 이 지수는 전 세계 평균 대비 논문이 얼마나 인용되고 있는지를 보여주는 지표로서, FWCI 1.55는 전 세계 평균 대비 논문이 55% 더 인용됐다는 의미로 해석할 수 있다. 경희대 호텔관광대학은 2014년 FWCI가 1.01이었으나 2018년에는 2.06까지 성장하였으며, 2020년에는 소폭 감소하여 1.68로 떨어졌으나 여전히 전 세계 평균대비 논문이 68% 이상 더 인용되고 있는 것을 볼 수 있다. 특히 교수당 논문 피인용 수에 있어서는 The Hong Kong Polytechnic University, 미국 Cornell University와는 근소한 차이를 보이고 있으며, 미국 PSU(The Pennsylvania State University)와는 동점으로 나타나고 있다(QS2020 기준).

<표3> QS 기준 2020년도 Hospitality 분야 주요 대학평가 정보 요약

순위	대학교	평점	산업계 평판	교수당 논문 피인용 수	학계평판
7	The Hong Kong Polytechnic University	74.4	58.9	76.6	91.4
12	미국 Cornell University	68.2	60.8	76.5	75.6
20	미국 Pennsylvania State University	62.5	44.1	71.3	82
35	경희대학교	56.2	46.6	71.3	65.1
42	세종대학교	55.3	47.2	68.3	62.9

3) BK21을 통해 지속적인 연구역량 강화를 모색 중

경희대학교는 지속가능한 스마트관광·호스피탈리티 교육플랫폼이라는 주제로 2020년에 BK21 4단계 사업에 선정되어 7년간 52억을 지원받게 되었으며, 이를 기반으로 대학원 교육 및 연구 강화를 위한 핵심 전략을 구축하고 실천을 진행하고 있다. BK21 사업의 수혜를 받게 된 호텔관광대학 산하 신설 학과인 스마트관광원은 코로나19 및 4차 산업혁명으로 인한 산업의 변화에 대해 적극적으로 대응할 수 있는 인재 양성을 위해 설립되었으며, 지속가능성, 디지털화, 융복합화 및 A.I.와 휴머닉스를 핵심 가치로 하여 연구자 및 고급인력을 육성하는 데 중점을 두고 있다.

지속가능성 (Sustainability)

4차 산업혁명과 코로나19 위기상황을 대처하며 지속가능한 스마트관광생태계 창출을 주도하며 성장

- 4차 산업혁명 기술, 데이터 분석 역량 인재양성을 통한 글로벌 교육시장 선점
- 코로나 19 위기관리 대응역량 인재양성을 통한 민간산업 시장 선점

디지털화 (Digitalization)

4차 산업혁명 코로나19 패러다임 전환시대 기술과 데이터 분석을 통한 디지털 포맷 전환 가속화 적극 대응

- 플랫폼 경제를 주도하는 기술과 데이터 인재양성
- 코로나19 비대면 위기상황 디지털 포맷 전환을 주도하는 인력 양성

핵심 가치

융복합화 (Convergence)

관광과 타학문의 융합을 통한 스마트관광의 학문적 프론티어 확장

- IT기반기술과 관광산업 융합을 통한 미래 경쟁력 확보
- 융복합화를 주도할 창의적 관광&호스피탈리티 인재 양성

A.I & 휴머닉스 (AI & Humanics)

기술과 인간의 조화로운 공존과 공영을 고민하는 미래과학기술과 인문학적 소양을 갖춘 휴머니타스 인력

- 로봇, 인공지능, 서비스자동화를 위한 인공지능 기술 인력 제공
- 위기관리를 위한 데이터 과학과 인간의 행복관점을 고려한 미래사회

〈그림9〉 지속가능한 스마트관광·호스피탈리티 교육플랫폼의 핵심가치

스마트관광원은 연구역량 강화를 위해 매주 호텔관광 영역에서 두각을 나타내고 있는 저명한 학자, 활발한 신진연구자 및 전문가를 초청하여 학생 및 연구자, 교수들이 아이디어를 나누고 방법론을 지속적으로 학습할 수 있는 기회를 제공하고 있으며, 좀 더 많은 연구실적이 나올 수 있도록 탑저널에 논문을 게재한 경험자 및 전문가를 초청하여 매월 강의를 통해 논문작성 실력 향상을 지원하고 있다.

또한 파이썬, AR/VR 등 다양한 특강 프로그램을 운영하여 대학원생 및 연구참여자들이 연구역량을 증진시킬 수 있는 기회를 제

공하고 있으며, 학술지 논문 심사료 및 게재료 전액 지원, 학술 논문 게재 시 성과급 지급, Cell 연구모임 활동비 지원, 해외 컨퍼런스 참여비 지원, 컨퍼런스 우수 연구상 수상자에게 성과급 지급 등 다양한 재정지원 및 인센티브를 통해 연구에 대한 동기부여를 제공하고자 노력하고 있다.

4) 장기적인 관점에서 여러 가지 위험신호 감지

양적이나 질적인 측면에서 경희대 호텔관광대학이 크게 성장하고 의미 있는 실적을 보여주고 있으나 장기적인 관점에서 여러 가지 위험신호가 나타나고 있다. 무엇보다 경희대 호텔관광대학이 현재 인지도 측면에서는 국내 1위 브랜드를 가지고 있지만 2021년 상하이 대학평가 및 QS 평가에서는 세종대 호텔관광대학이 경희대보다 높은 평가를 받아서 국내 2위로 밀려나 버리고 말았다.

특히 1세대 교수들이 은퇴하기 시작하면서 이러한 공백을 단기간에 메우지 못하고 있으며, 이러한 부분들이 지표에서도 나타나고 있다. 지난 2015년 이후 퇴임한 교수는 17명이지만 신규 임용은 3명밖에 이루어지지 않았다. 2015년에 50여명 수준이었던 전임교수는 2021년 현재 37명으로 감소하였다. 이로 인해 뛰어난 학생들이 진학하여도 교수 1인당 학생수가 너무 많아 학생을 연구자로 키우고 연구성과를 만드는 데 한계가 존재한다. 게다가 전임교수의 57%인 21명이 보직업무를 수행하고 있어서 연구 및 지도에 필요한 시간을 많이 뺏기고 있는 상황이다.

신규임용의 부족은 단순히 교수 숫자의 감소뿐만 아니라 교수의 구성비율 측면에서도 큰 영향을 미치고 있다. 현재 37명의 교수 중 조교수는 1명, 부교수는 8명인 역삼각형 분포를 가지고 있다. 새로 배출되는 뛰어난 학자들은 경희대 호텔관광대학의 경쟁 대학으로 이동하고 있어서 상대적인 연구역량이 감소되고 있을 뿐만 아니라, 연구 측면에서 활력도 감소하고 있다.

뿐만 아니라 기존에 있었던 연구 조교제가 폐지되고 행정조교에 대한 학자금 지원이 축소되는 등 연구 및 대학원생에 대한 학교 차원의 지원이 계속 감소하고 있다. 특히 대학원생의 규모가 2010년보다 2배 가까이 증가하였음에도 대학원생들이 연구를 할 수 있는 공간 지원은 부족한 실정이다.

3. 주요 경쟁대학의 연구 현황

SciVal의 통계를 바탕으로 세종대학교와 비교해보면 양적인 측면에서 경희대학교와 세종대학교 모두 2011년 이후 지속적인 성장세를 보이고 있다. 하지만 세종대학교는 신진 교수 및 학계의 뛰어난 교수들을 지속적으로 영입한 반면, 경희대학교는 퇴임으로 인한 교수들의 이탈이 지속되고 있어서 2017년 이후 세종대가 연구의 양적인 규모에서 경희대를 앞지르게 되었다.

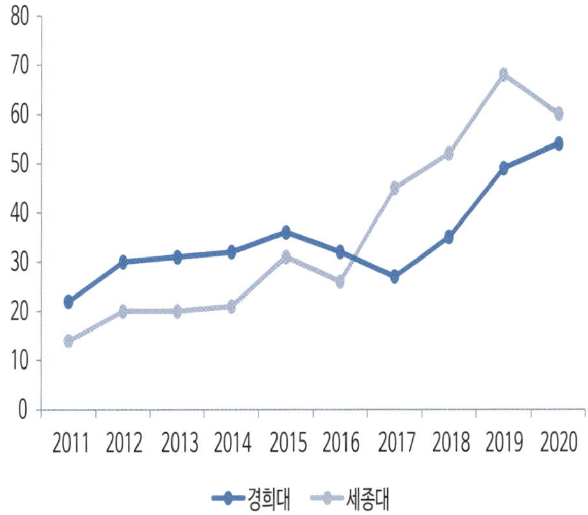

〈그림10〉 연간 SCOPUS 논문 게재편수

〈그림11〉에서 세종대의 직급별교수 분포를 보면 조교수, 부교수, 정교수 숫자가 균형있게 분포되어 있는 반면 경희대의 경우 조교수는 1명 밖에 없고 대부분이 정교수인 구조를 가지고 있다. 세종대의 조교수들을 좀 더 면밀하게 살펴보면 7명 중 4명이 외국인 교수로서 전문성 뿐만 아니라 국제화 측면에서도 교육 및 연구역량을 강화하고 있음을 볼 수 있다. 또한 세종대학교는 전임 연구교수제도를 운영하여서 공격적으로 새로운 연구자를 확보하고 대학의 연구역량을 강화하고 있다.

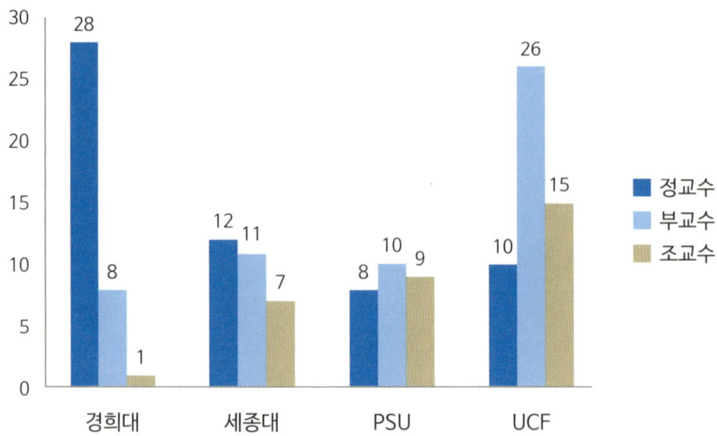

〈그림11〉 주요 호텔관광대학 교수진 분포

세종대의 균형 있는 교수 분포는 단순히 세종대의 특성이라기보다는 호텔관광영역에서 보편적인 현상이다. 미국의 PSU나 UCF의 경우에도 세종대와 마찬가지로 교수들의 분포가 균형을 이루고 있으며, 신진교수들을 계속 충원하고 있는 것을 볼 수 있다. 호텔관광분야 및 여가산업 분야는 점점 더 그 규모가 확장되고 있으며 학술적인 영역의 중요성 역시 성장하고 있다. 이에 따라 해외 주요 호텔관광대학들은 전반적으로 신진교수 확보에 경쟁적으로 나서고 있는 상황이다.

4. 요약 및 시사점

연구 측면에서 경희대학교 호텔관광대학은 지난 10여년간 가파르게 성장하여 세계적으로 주목받는 연구대학 중 하나로 자리매김하였다. 호텔관광대학의 연구 성과는 경희대에서도 가장 높은 수준을 자랑할 뿐만 아니라, 주요 대학의 사회과학 계열 측면과 비교해 볼 때에도 월등한 수준이다. 질적 측면에서도 세계적인 호텔관광대학과 큰 차이가 나지 않는 수준으로 성장하였다.

하지만 장기적인 관점에서 연구역량을 개선해야 할 필요성이 증가하고 있다. 특히 지난 10년간 재학생은 10% 이상 증가했으며 이중 대학원생의 경우에는 2배 가까이 늘어났지만, 연구를 주도하는 전임교수진은 오히려 26% 감소하였다. 국내 및 해외 주요 경쟁대학이 지속적으로 전임교수진을 증가시킨 것에 비추어 볼 때 이는 예외적인 현상이다. 이러한 전임교수진의 감소는 상대적인 연구역량 감소로도 나타나고 있다. 연구의 양적 측면에서 경희대는 세종대 호텔관광대학에 밀려 국내 2위로 내려갔을 뿐만 아니라, 세계 대학평가 지표에서도 세종대가 경희대보다 더 높은 평가를 받게 되었다.

경희대 호텔관광대학이 다시 국내 1위를 탈환하기 위해서는 이제 다른 세계적인 대학과 마찬가지로 공격적으로 신임교수 확보에 나서야 한다. 또한 연구를 위한 지원 역시 세계적인 대학과 견줄 수 있을 만큼 이루어져야 한다.

III. 산학협력

1. 산학협력의 중요성 및 경희대 호텔관광대학의 목표

호텔관광산업을 위한 인재육성은 서비스 산업이라는 특성상 이론교육만으로는 한계가 있으며, 교육 과정 내에서 학생들이 실습을 통해 산업을 이해하는 과정이 중요하다. 또한 빠르게 변하고 있는 호텔관광산업에서 경쟁우위를 확보하기 위해서는 변화에 대응할 수 있는 연구의 역할이 중요하나, 기업이 국제적인 연구역량을 확보하는 데에는 한계가 있다. 이에 따라 학교와의 교류를 통해 연구역량을 간접적으로 확보하는 것도 호텔관광산업 내에서 핵심적인 자산으로 평가받고 있다. 즉, 학교 및 산업 모두 호텔관광산업의 빠른 변화에 대응하기 위해 긴밀한 협력 및 교류가 필요한 상황이다.

경희대가 호텔관광분야에서 1위 브랜드를 유지하고 있다는 것은 1975년부터 지금까지 지속적으로 관광산업에 인재를 배출해 온 배경 때문이다. 역사적인 관점이나 동문 네트워크의 기대와 신뢰, 그리고 학교가 가지고 있는 사회적 소명을 고려할 때, 경희대 호텔관광대학은 지속적으로 산업에 의미 있는 가치를 제공해야 할 의무를 가지고 있다. 따라서 경희대는 산학협력을 통해 크게 4가지 목표를 달성하고자 한다. 첫 번째는 산업에서 요구하는 역량을 갖춘 인재 육성이다. 최근의 기술적 변화 및 이에 따른 산업의 변화를 고려할 때, 기존의 호스피탈리티 산업뿐만 아니라 4차 산업 시대의 ICT를 융합한 인재를 육성하여 산업의 요구를 충족하고자 한다. 두 번째는 학교가 진행한 최신 연구성과를 통해 산업 및 국가에 실질적인 가치를 제공하는 것이다. 이를 위해서는 학교가 실천적인 연구를 진행하는 것 뿐만 아니라, 이러한 연구성과를 국가 및 지자체의 정책, 기업경영에 연계될 수 있도록 산업 및 정부와 긴밀한 협력을 지속하여야 한다. 세 번째로는 다양한 기업과의 연계를 통해 학생들의 진로 및 취업 선택의 폭을 확장하는 것이다. 다양한 분야의 기업과 협력체제를 통해 우수한 학생들에게 취업할 수 있는 기회를 제공하고, 기업은 필요 인재를 채용함으로써 기업의 산업 생산성 증대에 도움이 되는 선순환의 구조를 확립하고자 한다. 마지막으로 학문 분야뿐만 아니라 산업에서도 호텔관광대학의 브랜드 가치를 강화하고자 한다. 경희대 호텔관광대학의 브랜드 가치를 지속적으로 유지 · 발전시키기 위해서는 교육뿐만 아니라 산학협력을 통해 기업에게 뛰어난 인재를 연결하고 기업이 필요로 하는 연구 및 핵심가치를 제공하여 산업 속에서도 호텔관광대학의 브랜드 이미지를 강화하여야 한다. 다만, 현재 개별기업과 진행하고 있는 산학협력 등은 기업비밀과도 연관이 있으므로 이책에서는 다루지 않고, 현장실습에만 집중하여 정리하고자 한다.

2. 경희대 호텔관광대학 산학협력 현황

1) 현장실습과 인턴십

전통적으로 호텔관광대학들은 주요 호텔과 인턴십을 통해 호텔에 뛰어난 인력을 낮은 인건비에 제공하는 대신, 호텔은 학생들에게 필요한 현장경험 및 현장실습교육을 제공하는 프로그램을 운영해왔다. 하지만 교육현장 전반에서 현장실습 과정에서 학생들이 위험에 노출되거나 낮은 임금으로 혹사당하는 일이 발생하면서 전통적인 호텔 현장실습도 여러 가지 규제로 인해 운영이 어려워지게 되었다. 2016년부터 현장실습에 대해서도 최저임금을 적용하게 됨에 따라 교육에 대한 부담과 함께 미숙련자를 고용하는 현장실습 프로그램에 대한 기업의 효용이 감소하게 되었으며, 경희대와 함께 현장실습 인턴십 프로그램을 진행하던 국내 유수 호텔들도 프로그램을 중단하게 되었다.

현재는 전통적인 호텔 현장실습 대신 산발적 형태의 장단기 인턴십 프로그램을 활용하여 현장실습을 대체/운영하고 있다. 인력양성 및 기업의 사회적 책임이라는 거시적인 관점에서 주요 호텔관광분야의 기업들이 장단기 인턴십 프로그램을 제한된 상황에서나마 제공하고 있으나 이전에 비해 규모가 감소하여 학생들의 요구 수준에는 미치지 못하는 상황이다. 이에 따라 현장답사 및 진로캠프 형태로 간접적인 현장실습을 운영하고 있다.

해외현장실습의 경우에는 월트 디즈니 및 일본 그린랜드 리조트와 지속적으로 인턴십 프로그램을 운영해왔다. 월트디즈니의 경우 6개월 간 플로리다주 올랜도에 위치한 월트 디즈니월드 리조트에서의 유급 인턴십과 University of Central Florida에서의 전공 수강을 동시에 진행하는 프로그램으로 운영하고 있다. 이 인턴십 프로그램은 학생들의 인기가 많아서 지원자 선정을 위해 별도의 공모전을 진행하고 있다. 이 공모전은 높은 경쟁률로 인해 호텔관광대학의 중요한 이벤트 하나로 자리매김하였다. 일본 그린랜드 리조트는 관광일어통번역학과에서 전통적으로 내려온 해외 현장실습 인턴십 프로그램이며, 방학기간 동안 큐슈와 홋카이도에 있는 그린랜드 리조트에서 현장실습 인턴십 기회를 제공하고 있다. 관광일어통번역학과가 문화관광콘텐츠학과로 개편된 이후에도 호텔관광대학 학생들을 대상으로 지속적으로 운영이 되어왔다. 하지만 두 프로그램 모두 코로나19로 인해 잠시 중단된 상태이다.

2) 현장경험 보유한 전문가를 바탕으로 한 교육 프로그램 운영

현장실습의 한계를 극복하기 위해 산업기반 겸임교수 및 강사 섭외를 통한 교육 커리큘럼을 구축하여 학생들에게 현장경험을 공유하여 산업계의 경험과 기술을 습득할 수 있도록 노력하고 있다. 2019년의 경우, 호텔, 관광, 외식 및 콘텐츠 등 다양한 분야에 속한 25명의 산업계 전문가를 겸임교수 및 강사로 발령하여 학생들에게 맞춤형 수업을 제공하였다. 기존의 전임교수 커리큘럼에서도 수업

내에서 산업 전문가를 기반으로 한 특강을 통해 이론 수업의 한계를 극복하고자 지속적으로 노력해오고 있다. 또한, 단과대학 차원 및 학과 차원에서 외부 전문가의 특강, 수업을 통해 실무적 지식을 습득하고 취업 및 진로 탐색 기회를 제공해오고 있다.

이론적인 수업이 아니라, 실제 문제를 해결하는 것에 중점을 둔 캡스톤 디자인 교과목은 현재 졸업논문 대체과목 또는 전공 필수 과목으로 지정되어서 경희대 호텔관광대학의 핵심 과목으로 자리 잡았다. 대표적인 캡스톤 디자인 수업 사례로는 동아제약이 개발한 신제품을 효과적으로 마케팅할 수 있는 콘텐츠 및 매체 기획, 파주시 관광특구로 지정된 통일 관광지구 내에 계획하고 있는 파주 장단콩 웰빙마루 테마 단지 운영 계획과 관련하여 외식사업 아이디어 발굴, ㈜ 디딤의 신규 브랜드 론칭 등이 있다. 온고푸드의 Korean Night Dining Tour 및 Namdaemun Market Tour의 경우에는 캡스톤디자인에 참가한 학생들이 투어 콘텐츠 기획 실무를 진행하기도 하였다.

3) 다양한 현장실습 활동을 진행하나 체계적인 시스템은 부재

외형적으로는 현재 다양한 현장실습 활동을 진행하고 있으나 이러한 현장실습 활동은 단과대학 차원이 아닌 개별 교수들에 의해 진행되는 경우가 많다. 이에 따라 대부분의 산학협력 활동들이 단기 위주의 일시적 프로그램으로 구성되는 경우가 많으며, 중장기적 관점에서 현장실습 프로그램들을 접근하는 게 어려운 상황이다. 현장실습과 관련된 프로그램이 대부분 한 학기 정도 운영하고 종료되고 있는데, 제대로 된 실무 교육을 위해서는 장기적으로 운영할 뿐만 아니라 학년별 특성 및 니즈를 반영한 연속성 있는 프로그램으로 구성되어야 한다.

무엇보다 산학협력 프로그램들이 호텔관광대학 내 통합 산학협력담당자 또는 부서에 기반하여 운영되는 것이 아니라 학과별, 교수별로 독립적으로 운영되고 있기 때문에 모든 학생들에게 일관된 정보 전달을 하는 것에 한계를 겪는 경우도 많다. 또한 교수들의 인맥 중심으로 기업이 연계되다 보니 다양한 기업의 참여 기회가 적은 편이다. 실질적인 역량을 키울 수 있는 다양한 분야의 기업들로 현장실습 및 산학협력을 확장하는 것이 필요하다.

3. 주요 경쟁대학의 산학협력 현황

1) 국내 호텔관광대학 산학협력 현황

국내 호텔관광대학들의 산학협력 및 현장실습 교육의 특성은 크게 두가지로 나눌 수 있다. 첫 번째는 주로 LINC+사업과 연계한 산학협력 프로그램 중심으로 운영한다는 것이다. LINC+사업은 대학 여건과 특성에 기반해 다양한 산학협력 모델을 발굴 · 추진하도록 지원하고, 대학과 지역사회의 공동발전을 유도하는 교육부의 핵심 사업으로서 '산업선도형 대학' 육성을 통해 청년 취 · 창업 확대 및 중소기업 혁신 지원 등 국가경쟁력 강화를 목표로 하고 있다. 두 번째는 대학이 보유한 호텔 및 컨벤션 센터를 적극적으로 활용하여 교육 및 연구를 진행하고 있다는 것이다.

세종대학교의 경우 2019년도부터 LINC+ 사업에 참여하고 있으며 새로운 시대에 맞는 전문 인재 양성의 목표 아래 호텔경영, 외식경영, 관광 플랫폼의 세가지 차원에서 트랙을 운영하고 있다. 호스피탈리티 기술경영 트랙은 포스트 코로나 시대에 호스피탈리티 산업이 적절히 대응할 수 있고, 복잡한 비즈니스 문제를 융·복합 지식을 통해 해결할 수 있는 인재 양성 및 ICT 융·복합 기술을 기반한 호스피탈리티 산업 내 창업 유도를 목표로 하고 있으며, 이를 위해 앰버서더 아카데미, 코트야드 메리어트, 롯데호텔서울, 해비치호텔앤드리조트 외 22개 기업과 협약을 하고 산학협력 프로그램을 운영하고 있다. 스마트푸드서비스매니지먼트 트랙은 코로나로 침체 된 외식산업을 위한 ICT융합 스마트 외식경영인 양성 및 기업의 이익 증대를 위해 데이터관리를 효율적으로 수행할 수 있는 맞춤인력 양성을 목표로 하고 있으며, 인공지능, 로봇 등 4차 산업시대에 요구하는 기술기반 서비스와 연관성이 있는 국내 외식기업들로 구성하여 산학협력 프로그램을 운영하고 있다. 마지막으로 관광플랫폼디자인&마케팅 트랙은 국내 관광산업의 서비스 플랫폼 경쟁을 선도하는 ICT 융복합 SW 전문 인력 육성을 목표로 관광서비스 산업의 핵심 전략인 빅데이터, AI 기술 기반 디지털 마케팅, 웹·앱 프로그래밍, 플랫폼 설계/운영 등 업계를 선도하는 플랫폼 서비스 기업과 산학협력 프로그램을 운영하고 있다.

또한 세종대학교는 학내에 최대 2,700명이 수용 가능한 대형 연회장과 10개의 중소규모 회의실 및 전시장, 공연장 및 35실의 게스트하우스로 구성된 컨벤션 센터를 보유하고 있다. 이 시설과 호텔관광대학이 산학협력을 통해 수익을 창출하고 있을 뿐만 아니라, 학생들에게 현장실습을 하는 공간으로도 활용을 하고 있다.

한양대학교의 경우 BK21 사업단을 중심으로 학생들의 취업에 도움을 주기 위해 주기적으로 기업의 인사나 명사를 초청해 강연 진행하고 있다. GKL 아카데미와 함께 실시한 'GKL 찾아가는 카지노 특강 및 카지노 온라인 교육'(2019년~2020년)은 학생들의 높은 호응을 받은 바 있기도 하다. 정기적으로는 국내외 대표 관광지를 답사하는 '연합답사', '국토순례' 프로젝트 등을 매년 진행하고 있으며, 이를 통해 관광의 경험을 다각도로 분석 할 수 있는 기회를 제공하고 있다.

현장실습 관점에서는 한양재단이 보유한 프레지던트 호텔을 활용하여 관광학부 학생들에게 체계적인 현장실습 기회를 제공하고 있으며, 실무보다는 관리자 양성 위주의 커리큘럼에 집중하고 있다.

2) 해외 호텔관광대학 산학협력 현황

주요 해외 호텔관광대학은 산학협력 및 현장실습을 교육의 핵심적인 요소로 인지하고 진지하게 임하고 있다. 미국 Cornell University 호텔관광대학의 경우 졸업을 위해서는 최소 800시간의 인턴십 경험을 의무적으로 수행해야 한다. 이를 위해 학생들을 교내에 건립되어 있는 Statler Hotel 및 Taverna Banfi 외 다수의 기업으로 인턴십을 파견하고 있을 뿐만 아니라 주기적으로 학생들의 현장실습 보고서를 분석하여 현장실습기관, 급여정보, 실습 분야까지 포함한 주요 내용을 데이터화 하여 배포하고 있다. 이를 통해 더 많은 기업들이 인턴십 프로그램에 참여할 수 있는 유인을 제공하고, 인턴십 프로그램을 운영하는 기업들에게는 운영을 위한 기준을 제시하고 있다.

미국 The Pennsylvania State University의 호텔경영학과의 경우 수료를 위해서는 1000시간의 유급 업무 경험을 충족해야 한다. 이를 위해 학생과 기업을 이어줄 수 있는 채용 웹사이트를 제공하고 있다. 또한 기업 설명회 및 특정 기업의 날 행사 등을 학교 차원에서 주기적으로 개최하여서 회사들과 면접을 볼 수 있는 채용 기회를 제공하고 있다. 학과 내에 산업경력에 기반한 전문 강사진을 별도로 운영하고 있으며, 교내 호텔 뿐만 아니라 연계 호텔들을 통해 학생들의 현장실습이 체계적으로 이루어질 수 있도록 지원하고 있다.

미국 Purdue University의 경우 320시간의 의무 현장실습을 요구하고 있으며, 매 학기 인턴십을 위한 오리엔테이션에서 학생 이력서를 수집한 뒤에 기업들에게 사전심사를 요청하여 기업과 학생의 인턴십 연계를 학교가 지원하고 있다. 학생들의 취업을 위해 연 2회 직업 박람회를 후원하고 있을 뿐만 아니라 실무와 관련된 다양한 워크샵을 개최하고 있으며, Hospitality 산업 관련 다양한 기업과의 파트너십(Accor-Hotel Sofitel, Accor-Hotel Sofitel, Chicago Southland Convention & Visitors Bureau 외 다수)을 이용하여 산학협력을 활발하게 진행하고 있다.

The Hong Kong Polytechnic University는 학교에서 직접 운영하는 호텔인 Hotel Icon과 Bistro 1979라는 레스토랑을 통해 학생들에게 현장실습 기회를 제공하고 있다. 삼성전자와 산학협력을 통해 교내에 구축된 Samsung Digital Lab에는 다양한 연구 프로그램, 소프트웨어 설치되어 있는 고성능 컴퓨터를 기증받아 학과 학생들만의 리서치 센터로 활용하고 있다. 또한, 연례행사로 학교 Career Day를 통해 졸업반 학생들이 기업관계자들과 만나 네트워크를 형성할 수 있도록 기회를 제공하고 있으며, 이와는 별도로 현직에 있는 동문들과 졸업반 학생들을 연결하는 네트워크 파티, 다양한 기업(Shangri-La, HK, Universal Beijing Resort 외 다수)의 채용 세미나도 정기적으로 개최하고 있다. The Hong Kong Polytechnic University 역시 WIE(Work-Integrated Education)

을 표방하고 있으며, 졸업 요건으로 교내 지정 연계 호텔 또는 교내에서 승인받은 hospitality 기업에서 960시간 이상의 근무 경험을 요구하고 있다. 이러한 다양한 현장실습 프로그램 및 산학협력 프로그램을 운영하기 위해 산학협력만을 담당하는 부학장직을 별도로 운영하고 있으며, 부학장 아래 산학협력 및 현장실습을 전담하는 다수의 직원이 배치되어 업무를 지원하고 있다.

4. 요약 및 시사점

산학협력 및 현장실습은 실용학문을 다루는 호텔관광대학에서 중요한 부분 중 하나이다. 경희대 호텔관광대학과 주요 호텔들은 밀접하게 연결되어 인턴십 및 현장실습을 진행해 온 전통을 가지고 있으며, 실무 문제 해결에 집중하는 캡스톤 디자인수업, 현장경험이 풍부한 산학협력 교수에 기반한 교육 등을 통해 실천적 학풍을 교육 전반에 연계시키려 노력해왔다. 디즈니나 일본 그린랜드 리조트와 같은 해외 인턴십 프로그램 및 이 프로그램을 지원하기 위한 공모전은 학교의 중요한 이벤트로 자리매김하기도 하였다.

그러나, 현장실습에 대한 법적요건이 강화되면서 주요 호텔들과 진행하던 인턴십 프로그램이 중단되었으며 인턴십이나 현장실습이 단기적 또는 간헐적인 형태로 진행되게 되었다. 이로 인해 학생들은 현장에서 단순한 업무를 주로 맡게 되면서 현장 실습에 대한 만족도가 하락하고 교육 측면에서의 의미도 퇴색되고 있는 상황이다.

국내외 주요 경쟁대학을 둘러보면, 경희대와 마찬가지로 실천적인 학풍에 대해 공감대를 형성하고 있으며 적극적으로 현장실습 및 인턴십을 진행하고 있다. 현장실습 및 산학협력에 높은 평가를 받은 대학들의 특징은 크게 두가지로 나타난다. 첫 번째는 단과대학 차원에서 산학협력 및 인턴십을 책임지는 조직이 별도로 존재하고 이러한 조직에 기반하여 현장실습이 이루어진다는 것이다. 두 번째는 국내 및 해외의 주요 호텔관광대학은 대부분 교내에 호텔을 가지고 있으며, 교내 호텔을 통해서 체계적으로 산학협력 프로그램 및 현장실습을 운용하고 있다는 점이다.

최근 빠르게 이루어지고 있는 산업의 변화를 고려할 때, 주요 경쟁대학의 특성을 반영하여 현장실습을 강화하는 것은 교육 경쟁력 및 브랜드 강화 측면에서 필수적이며, 이를 위한 중장기전략이 마련되어야 한다.

IV. 국제화

1. 경희대 호텔관광대학의 국제화 목표

국제화는 경희대학교의 오래된 전통이며 경희 발전의 큰 축이다. 경희대는 세계대학을 지향하는 개방적 교류를 목표로 다양한 외국인 학생을 유치하고 있을 뿐만 아니라, 다른 한편으로는 내국인 학생들이 국제적인 교류를 할 수 있는 기반을 제공하고 있다. 이러한 노력으로 인해 THE 대학평가의 국제화 부문에서는 3년 연속 국내 1위를 이어오고 있다. 경희대 호텔관광대학은 이러한 경희대의 학풍에 힘입어 국제화를 통하여 각국에서 배출된 인재를 기반으로 세계 최고 관광 인재와 리더 양성을 목표로 하고 있다. 또한, 이를 통해 세계적인 관광교육플랫폼으로서 자리매김을 하고 관광산업에 있어서 글로벌 네트워크의 중추적 역할을 수행하고자 한다.

2. 경희대 호텔관광대학 국제화 현황

1) 외국인 유학

2020년 기준 경희대학교의 외국인 유학생은 학부와 대학원 포함 4,599명이며, 이중 약 15%인 700여명이 호텔관광대학에서 수학을 하고 있다. 국제화 측면에서 경희대 호텔관광대학은 경영대학과 함께 외국인 유학 부분을 선도하고 있다. 외국인 학생은 전체 경희대 호텔관광대학 재학생의 23%를 구성하고 있다. 국적을 보면 중국인 학생들이 상당히 많은 부문을 차지하고는 있으나 최근 다양하게 확대되고 있어서 일본, 러시아, 베트남, 태국, 말레이시아, 인도네시아, 우즈베키스탄, 브라질 등 약 20여 개국 학생들이 현재 호텔관광대학에서 재학중이다.

외국인 유학생은 입학시 영어 트랙과 한국어 트랙을 선택할 수 있다. 수업 이외 어려움을 해소하기 위해 외국인 학생들을 위한 2

명의 유학생 상담 교수와, 3명의 외국인 전임교수를 통해 외국인 학생 지도를 하고 있다.

기존에는 개인 자격의 유학생들만 호텔관광대학에 입학하였으나, 해외 대학과 교류를 통해 교환학생 및 2+2 학위 프로그램과 같은 학생 교류 프로그램도 점차적으로 확대하고 있다. 시범적으로 중국 광서사범대학과의 MOU를 체결하여 2019학년도 2학기에 자비 초청 교환학생 5명을 선발한 바 있으며, 향후 이러한 교류 범위를 확대해 나가기 위해 적극적으로 해외 대학과 MOU를 맺고 확장을 모색하고 있다.

2) 재학생 해외교류

관광산업은 국제적인 역량이 중요하기에 재학생들에게 다양한 해외 교류 기회를 제공하고 있다. 이 중 경희대 호텔관광대학을 대표하는 국제화 프로그램 중 하나는 2+2 연계 프로그램이다. 경희대는 2008년부터 미국 University of Houston의 Hilton College of Hotel & Restaurant Management와 2+2 연계 프로그램을 진행하고 있다. 이 프로그램은 경희대 호텔관광대학에서 2년간 정해진 과목을 수강하고 University of Houston에서 나머지 2년 과목을 수강하면 두 학교의 학위가 모두 수여되는 프로그램이다. 미국 Temple University와 경희대는 학/석사 연계 프로그램(Dual Bachelor's Master's Degree, DBMD)을 운영하고 있다. 이 프로그램은 본교 3학년을 마친 학생이 Temple University 4학년 과정 이수 후 두 학교의 학사학위를 취득하고 Temple University 석사 과정에 입학하는 제도로 2019년 말까지 3명의 학생을 선발 파견한 바 있다.

실무적인 관점에서는 국제 인턴십을 진행하고 있다. 이 중 대표적인 것은 미국의 월트 디즈니와 일본의 그린랜드 리조트 인턴쉽 프로그램이다.

그동안 대부분의 프로그램이 미국 및 일본 등에 집중되어 있었기에 최근 경희대 호텔관광대학은 재학생 해외교류 프로그램의 다양화를 꾀하고 있다. 유럽 지역의 경우, 프랑스 Ecole Polytecnique 대학과 MOU 체결을 통해 전공 연수 프로그램을 확대하고, Cergy-Pontoise 대학과 복수학위 및 공동지도 협약을 체결하여 학생 해외 교류의 폭을 넓히고자 시도하고 있다. 호주의 경우 Tasmania 대학과 협약에 기반한 복수학위 프로그램을 구축하였으며, 2018년부터 학생들을 파견하고 있다.

학교 차원에서는 여름방학 기간 동안 프린스턴대, 펜실베이니아대, 슬로베니아 류블랴나대 등 해외 명문대의 석학들과 유엔 고위 실무자들이 강의하는 4주 특강 프로그램인 '글로벌 콜라보레이티브(global collaborative) 프로그램'을 운영하여 학생들이 더 나은 미래를 건설하기 위한 지구적 의제를 주제로 세계 최고 수준의 심화 교육과 현장감 있는 교육을 받을 수 있도록 하고 있다.

3) 해외 호텔관광대학과 상호교류

경희대 호텔관광대학은 해외 호텔관광대학과도 상호 교류를 하면서 연구역량을 강화하고 서로 발전적인 관계를 유지하고 있다. 매년 우수 해외 학자를 초청하여 활발한 공동 연구를 진행하고 있으며, 해외 호텔관광대학에서 이름을 떨치고 있는 한국계 학자들을 매년 초빙하여 공동연구와 함께 최근 연구 동향에 대한 특강 및 수업을 진행하고 있다. 2020년부터는 BK21 사업 지원을 바탕으로 매주 금요일마다 국내외 석학 세미나를 진행하고 있으며, 관광산업에서 저명한 해외 학자들을 온라인을 통해 초빙하여 연구 세미나를 꾸준하게 진행해오고 있다.

해외 호텔관광대학과는 미국·캐나다권 대학 9개, 아시아 5개 국가에 속해있는 대학 11개, 그 외의 독일, 스위스 각각 1개의 대학과 해외 자매대학 연계로 지속적인 교류를 진행하고 있으며, 단과 대학 차원뿐만 아니라 교수 개인 차원에서도 해외 학자들과 다양한 공동 연구를 수행하고 있다.

4) 국제화 질적 측면에 있어서 개선의 여지 존재

앞서 언급하였다시피 경희대는 국제화 측면에 있어서 국내에서 가장 뛰어난 대학 중 하나이며, 경희대학 내에서도 호텔관광대학은 국제화 부문을 선도하고 있는 단과대학이다. 그러나 다른 해외 대학과 비교해 볼 때 질적인 측면에서는 여전히 개선해야 할 부분이 많다. 외국인 학생 중 영어권 학생들의 경우 별도의 학과가 아닌 트랙으로 나누어져 있어서 모호한 커리큘럼을 가지고 있으며, 영어과목 개설이 제한적이어서 수업을 듣는 데 어려움을 호소하고 있다. 또한 학과 단위가 아니라 트랙이기 때문에 관리에도 제한적인 상황이다.

호텔관광대학의 외국인 학생들은 내국인 학생들에게는 다양한 문화적 경험과 교류를 할 수 있는 원천일 뿐만 아니라, 한국 관광산업의 글로벌 네트워크를 구성하는 기초자산으로서 경희대 뿐만 아니라 국가적인 차원에서도 의미 있는 인적자원이다. 하지만 졸업한 외국인 학생들에 대한 관리가 되고 있지 않은 상황이며, 재학 중인 외국인 학생들도 그 상대적 중요성에 비해 관리가 소홀한 상황이다.

또한 다양성 측면에서도 개선의 여지가 있다. 현재 교환학생 프로그램은 경희대학교의 협력체계를 기반으로 호텔관광대학보다는 일반적인 대학 중심으로 진행이 되고 있다. 호텔관광대학의 특성을 고려할 때 전문 분야 관점에서 다양한 국가와 교환학생 프로그램 발굴이 필요하다. 물론, 현재 이러한 초석을 다져서 유럽, 호주, 중국, 태국 등 여러 국가의 대학들과 협력체계를 운영하고 있긴 하나 이러한 협력체계가 아직까지는 본격적인 교환학생 프로그램으로 연계가 이루어지고 있지는 못하다.

관광산업 특성상 취업의 기회가 한국에만 있는 것이 아니라 해외에도 다양하게 존재하므로 이러한 기회를 연계할 수 있는 해외의 다양한 인턴십 기회를 모색하고 매칭하는 것도 중요한 과제이다. 현재 미국의 디즈니나 일본 그린랜드 리조트와 정기적인 프로그램을 운영하고 있긴 하나 파견 인원이 제한적인 상황이다. 학생들의 니즈에 맞추어 연계 프로그램의 확장을 모색할 필요가 있다.

3. 주요 경쟁대학의 국제화 현황

국제화 측면에서 경희대 호텔관광대학은 세계적인 경쟁력을 가지고 있다. 해외의 유명한 호텔관광대학은 대부분 국제화가 되었다기보다는 해외 유학생들이 해당 대학에 적응하는 모습을 보여주고 있다. 진정한 국제화라는 관점에서 경희대 호텔관광대학이 참고할 만한 대학은 The Hong Kong Polytechnic University이다. 이 대학은 아시아에 있지만 가장 글로벌한 대학으로서 약 15개 이상의 다양한 국적을 가진 교수진으로 구성되어 있으며, 20개 이상의 다양한 국적의 학생들이 학부, 석사, 그리고 박사과정에 재학 중이다. 높은 입학 규정 적용을 통해 우수한 외국인 학생을 선발하여 홍콩이라는 협소한 지리적 한계를 극복하고 뛰어난 인재를 확보해 세계적인 대학으로 자리매김하고 있다.

The Hong Kong Polytechnic University의 호텔관광대학은 홍콩이라는 독특한 지리적 특성으로 인해 영어로 수업을 진행할 뿐만 아니라 학교 내에 호텔이 있어서 실무경험과 연구 두 가지 차원에서 모두 높은 수준의 교육을 자랑하고 있는 학교이다. The Hong Kong Polytechnic University는 지리적 및 역사적 특성을 바탕으로 유럽과 미국, 그리고 아시아를 연결하는 국제화의 허브 역할을 하고 있다. 이러한 관점에서 주목할 것은 Global Hospitality Business라는 석사과정이다. 이 과정은 The Hong Kong Polytechnic University를 중심으로 미국대학인 University of Houston, 그리고 스위스 Ecole hoteliere de Lausanne (EHL)의 3개의 대학이 함께 제공하는 석사과정 프로그램이다. 학생들은 스위스 Ecole hoteliere de Lausanne에 한 학기, The Hong Kong Polytechnic University에 두 학기, University of Houston에 한 학기를 머물면서 수업을 듣게 된다. 이 과정은 기존의 과정과 다르게, Hospitality Business에 전문적인 교육과정을 제공한다. 즉 기존의 수업에 학생들을 배당하는 것이 아니라, Global Hospitality Business라는 석사 과정 학생들을 위해 새로운 과목과 콘텐츠를 제공하고 있다. 또한 캡스톤 프로젝트를 통해 학생들이 실제 고객과 함께, Hospitality Business의 문제점을 해결하는 프로젝트를 한 학기 동안 수행한다. 이러한 이유로 등록금 또한 고가로 측정이 되어 있어 전체 과정을 수료하는 데 약 78,000,000원 정도 필요하다. 이러한 높은 등록금에도 불구하고 이 프로그램은 높은 인기를 끌고 있다. 이 프로그램의 대부분의 학생들은 유럽 출신(특히 프랑스)로 구성되어 있으며, 그 다음으로 중국 국적의 학생들이 가장 많다.

4. 요약 및 시사점

경희대 호텔관광대학은 국제화 측면에서 세계적인 호텔관광대학과 비교하여도 매우 선진적인 대학이다. 현재 재학생의 23%가 약 20여개국에서 온 유학생들로 구성되어 있으며, 중국 및 주요 해외 대학에서 경희대로 교환학생이나 2+2 프로그램의 형태의 교류도 증가하고 있다. 재학생들의 해외 교류도 다양하게 이루어지고 있으며, 단순히 교환학생 뿐만 아니라 현장실습, 그리고 명문대 석학 강의 등 다양한 차원의 교류가 이루어지고 있다. 이러한 교류는 학생 뿐만 아니라 연구 측면에서도 적극적으로 이루어지고 있다.

세계적으로 유명한 호텔관광대학은 대부분 국제화가 되었다기보다는 해외 유학생들이 해당 대학에 적응하는 모습을 보여주고 있으며, The Hong Kong Polytechnic University가 국제화 관점에서 참조할만하다. 홍콩의 지정학적인 특성을 바탕으로 The Hong Kong Polytechnic University는 유럽과 미국, 그리고 아시아를 연결하는 국제적인 커리큘럼을 개발하여 운영하고 있으며, 높은 등록금에도 불구하고 높은 성과를 얻고 있다.

이러한 홍콩의 사례에서 볼 수 있듯이, 경쟁력있는 교육과정을 만들어내면 가격 및 지리적인 장벽에도 불구하고 큰 성과를 얻을 수 있다. 한국의 경우 한류 및 ICT를 기반으로 서비스 및 관광분야에서 국제적인 인지도를 넓혀가고 있으며, 이를 기반으로 차별화된 교육과정을 만들어낸다면, 국제적으로 큰 성과를 이루어낼 수 있을 것으로 보인다.

V. 동문 네트워크

1. 동문 네트워크의 중요성 및 경희대 호텔관광대학의 목표

좋은 대학, 명문대학의 정의는 다양하게 있겠지만, 그 대학을 나온 졸업생들이 사회 곳곳에서 활약하며 학교의 이름을 알리고, 졸업생들이 만들어낸 인적 네트워크를 바탕으로 사회적 가치를 창출하는 대학을 명문대라고 정의하기도 한다. 대학 동문의 성과는 학교의 평판을 만들어내며, 이러한 평판은 좋은 인재가 학교에 들어오게 만들며 되먹임 효과를 만들어낸다. 이로 인해 학교의 발전은 동문의 발전과 동일시되며, 학교의 발전에 있어서 동문은 언제나 믿을 수 있는 우군으로 자리매김을 한다. 이에 따라 학교들은 동문간 연계, 그리고 동문과 학교, 동문과 재학생의 연계를 통해 대학이라는 울타리를 넘어 네트워크를 통해 학교의 힘을 확장시키고자 노력하고 있다.

이러한 대학들의 흐름에 발맞추어 경희대 호텔관광대학도 국내 1위의 호텔관광대학 브랜드에 걸맞게 동문 네트워크를 강화하여 학교 발전을 이끌어가고자 한다. 호텔관광대학의 명확한 비전 설정 및 브랜딩을 바탕으로 지난 46년간 배출해온 동문 및 현 재학생들과 소통함으로써 동문 네트워크를 활성화하고, 동문으로서의 소속감 및 연대를 강화하여 호텔관광대학의 장기적 발전의 초석을 마련하고자 한다. 호텔관광산업 내 다양한 분야에 진출하여 자리 잡은 선배들로부터 재학생 진로 설정 및 취·창업을 위한 체계적인 지원을 받음으로써, 잠재력 있는 후배들을 발굴하고 재학생들의 애교심 및 자긍심을 고취하고자 한다. 경희대학교 호텔관광대학 동문 네트워크에 대한 인지도 강화 및 동문 소속감 향상을 통해 호텔관광대학의 국내 위상을 제고하고 정체성 강화하고자 한다. 또한 호텔관광대학의 유학생들을 바탕으로 동문 네트워크를 국내뿐만 아니라 해외까지 확장하여 국제적으로 경희대 호텔관광대학의 입지를 향상시키고자 한다. 마지막으로 호텔관광대학 동문 기부를 통해 재학생들의 장학금 수혜율을 높이고, 자긍심 고취 및 선후배 유대관계 강화, 우수 입학생 유치 등의 선순환을 창출하고자 한다.

2. 경희대 호텔관광대학 동문 네트워크의 현황

경희대 호텔관광대학은 1975년에 국제노동기구(ILO, International Labour Organization)와 유엔개발기구(UNDP, United Nations Development Programm)가 지원하여 만들어진 경희호텔경영전문학교가 그 시초이며, 1998년에 4년제 단과대학으로 승격되어 현재에 이르고 있다. 첫 졸업생이 배출된 1976년 이후 지난 45년 동안 지금까지 약 1만 5천여명 이상의 동문을 배출하였으며 동문들은 관광업계 뿐만 아니라 다양한 분야에서 그 실력을 인정받으며 활동하고 있다.

특히 관광산업에서는 하나투어의 박상환 회장과 권희석 부회장, Extended Stay Hotels에서 재무 담당 부사장 겸 투자 최고 책임자로 근무하고 있는 세계적인 호텔리어 데이빗 김이나 노보텔 앰배서더의 여성 최초로 선임된 송연순 총지배인, 라미드 호텔&리조트 및 라마다 서울호텔을 총괄하는 신상균 대표이사, 두바이 하얏트 호텔 최연소 부장이라는 기록을 가진 강아현 부장 등과 같이 경희대 동문이라는 이름으로 산업에 이름을 남긴 뛰어난 동문들이 많으며, 이러한 동문들의 발자취에 이끌려 많은 동문들이 관광산업 전반에 걸쳐 일하고 있다. 이로 인하여 관광산업 업계 어디서든지 쉽게 경희대 호텔관광대학 동문을 만날 수 있다.

호텔관광대학 동문회는 1976년 이후 현재까지 배출한 졸업생을 기반으로, 활발한 정기적·비정기적 활동을 이어오고 있다. 사회 소외계층 봉사활동과 동문회 송년모임, 동문회 골프모임 및 체육대회 등을 정기적으로 진행하고 있으며, 동문 장학금 프로그램도 운영하여 학교 발전에도 기여하고 있다. 학과별로는 학생회 주도로 홈커밍데이를 진행하여 졸업한 동문과 재학생, 그리고 교수 간의 가교역할을 하고 있으며, 매년 행사가 이루어져왔다.

발간위원회가 호텔관광대학 동문회와 인터뷰를 한 결과 호텔관광대학 동문회는 동문들이 호텔관광대학에 깊은 애정과 소속감을 느껴 상호 발전을 위해 힘쓰고 이러한 유산을 오래도록 계승해가기를 희망하고 있고, 재학생들에게 도움을 주고 교류할 수 있기를 기대하고 있다. 또한, 단과대학 및 재학생 측에서 동문회에 바라는 바에 대해 소통해주기를 바라고 있는 것을 확인할 수 있었다. 이러한 열망에도 불구하고 여러 가지 현실적인 문제점들이 있다.

호텔관광대학은 1975년부터 현재까지 4년제 대학 승격 및 여러 차례의 편제 개편을 거치면서 학과의 변동이 많았고, 이로 인해 학과의 역사 및 소속감이 지속되지 못하고 재학 중인 학생들과 졸업한 동문과의 연결이 단절되는 경우가 자주 발생하였다. 과거에 있던 학과가 없어지거나 이름이 변경되면서 현재 재학생들과 과거 졸업생이 선후배로 서로 인식/연결되기가 어려운 일들도 많이 벌어지고 있다. 학과별 홈커밍데이 등의 학생회 주도 행사는 사회 진출한지 얼마 되지 않은 졸업생들(10-18학번)을 주로 초대하여 진행되고 있고, 현 호텔관광대학 동문회 활동은 호텔관광전문대학 졸업생들(81-86학번)이 주축이 되어 이루어지고 있어서 그사이에 공백이 존재하며, 학생회와 동문회가 연결되어 정기적으로 꾸준히 진행하는 활동도 아직까지는 없는 편이다. 재학생 중에서는 학생회를 중심으로 호텔관광대학 동문회 활동(예: 연말모임)에 정기적으로 초대되고 있지만, 졸업한지 10~20년 가량 지난 동문들과는 전혀 연결되지 못하고 있으며 소통의 연결고리가 부재한 상황이다.

이러한 상황을 극복하기 위해서는 동문 네트워크 관리를 위한 전담 인력 및 시스템이 필요하다. 각 학과별로 최근 졸업생 명단은 확보하고는 있으나, 졸업한 이후 연락처 및 취업 관련 정보에 대해서 업데이트가 꾸준히 이루어지지는 않고 있으며, 이는 동문회도 유사한 상황이다. 재학생 및 졸업생들은 재학시절, 그리고 졸업 후에 학교 및 단과대학과 연결될 수 있는 계기가 부족하여 애교심 및 소속감, 동문으로서의 연대감을 가지기 어렵다고 지적하고 있다.

이러한 상황을 해결하기 위해서는 호텔관광대학 정체성을 재정립하여 동문 및 재학생들과 소통하고, 동문 간 연결, 졸업생-재학생 교류를 확대하여 호텔관광대학에 대한 애착 및 소속감 고취와 함께 동문 네트워크에 대한 중요성을 인식시키는 것이 필요하다.

3. 주요 경쟁대학의 동문 네트워크 현황

최근 국내 대학들도 동문 네트워크의 중요성을 깨닫고 동문 네트워크 구축을 진행하고 있으나 해외 대학들은 이미 오래전부터 동문 네트워크를 대학 기능의 한 축으로 여기고 적극적으로 구축해오고 있다. 이중 호텔관광대학에서 동문 네트워크로 유명한 미국의 Cornell University와 The Pennsylvania State University의 동문 네트워크 활동은 경희대 호텔관광대학에 큰 시사점을 제시해주고 있어 좀 더 상세히 살펴보고자 한다.

1) Cornell University

한국의 전통적인 동문 네트워크 구조와 다르게 코넬 및 해외 주요 대학들은 동문(Alumni)과 관련한 조직이 대학 내부에 존재한다. Cornell University의 경우 대학 전체 Office of Alumni Affairs 및 단과대학별 조직을 운영하고 있으며, 이를 바탕으로 Alumni Directory를 운영하고 있다. 단 이 디렉토리에는 동문 본인이 상세 정보를 제공하여야 하며 최신으로 업데이트된 정보가 DB 가치의 기반이 되므로 정기적으로 경품 이벤트를 시행하고 있다.

또한 지속적으로 동문들에게 소통을 진행하고 있다. 한달에 5건 이상의 이메일을 발송하는데, 동문 매거진, 학교의 주요 이벤트, 주요 리서치, 교내외 이슈에 대한 총장의 메시지 뿐만 아니라, 어린이 자녀를 위한 종이접기, 할로윈/추수감사절/발렌타인 데이/새해 메시지, desktop 컴퓨터용 캘린더, 요리, 동문 북클럽, Alumni Travel, 학교 종탑 차임벨 소리, 핸드폰 배경 화면 등 다양한 활동, 주제, 정보를 통해 동문과의 친밀감과 유대를 지속하고 강화하려는 노력을 보이고 있다.

매 학기말(또는 특별한 사안이 있을 때) 호텔관광대학의 학장이 동문을 대상으로 이메일을 보내서 해당 학기의 주요 이벤트들을 회고하고 호텔관광대학 주관 어워드(Cornell Hospitality Icon Award, Innovation Award, Outstanding MMH Award 등)를 소개한다. 또한 Dean's lecture series의 하이라이트를 소개하고 동문들의 활동을 소개하며 동문들의 참여를 독려한다. Cornell University의 여러 어워드 가운데 주목할만한 것은 Cornell MMH Outstanding Alumnus Award이다. 이 상은 professional 석사 과정인 MMH 동문 가운데 업적이 우수한 사람에게 수여하며, 이 상의 수상소식은 호텔관련 매거진들이 다룰 정도로 업계에서 높은 평판을 얻고 있다.

Cornell University의 동문모임인 CHS(Cornell Hotel Society)는 지역별 및 미국 도시별로 동문 조직이 활성화되어 있으며, 동문회 멤버쉽의 경우 1년 멤버쉽은 졸업한 첫 해에는 무료이며, 그 다음 4년간은 연간 $25, 그 뒤에는 연간 $75로 증액되는 구조를 가지고 있으며, 평생회원은 $1,500이다. 동문들의 이러한 출연금을 바탕으로 20개 이상의 동문 출연 장학금을 운영하고 있으며 동문들을 위한 전용 온라인 서비스도 제공하고 있다.

다른 미국대학과 마찬가지로 Cornell University도 기부 행사가 활성화되어 있는데, 이중 가장 대표적인 행사가 매년 3월에 하루종일 진행되는 대학 전체 기부행사인 Giving Day이다. 행사 시작 전에 각 참여조직별로 이메일로 적극 홍보를 진행하며, 행사 자체는 온라인 기반으로 운영된다. 2021년의 경우 14,411명이 참여하여 학교 전체로 약 천만 달러($10,040,921, 이 중 호텔관광대학은 $456,893)를 모금하였으며, 인당 평균 기부액은 약 $700 정도로 알려져있다. 부담 없는 금액으로 많은 사람들이 참여하도록 유도하며, 행사 시간 중 모금 현황을 실시간으로 게시하고 종료 후 결과를 온라인으로 공개하고 이메일로 공유한다. Giving Day 외에도 학교 홈페이지의 고정 메뉴로 기부금 메뉴가 배치되어 있다. 호텔관광대학에 기부하는 경우에도 일반 및 SHA 산하 연구소 등 기부처를 다양하게 선택할 수 있는 구조를 가지고 있다.

동문은 교육 측면에서도 대학에 큰 가치를 제공하고 있다. 동문들은 Career Conversations이라는 프로그램을 통해 재학생들에게 본인의 현장의 경험을 바탕으로 진로 지도를 진행한다. 동문들의 참여는 Dean's letter를 통해 안내하고, 참여를 원하는 동문이 온라인시스템을 통해 체계적으로 상담이 진행될 수 있도록 구성되어 있다. 호텔관광대학 산하 연구소가 개최하는 round table의 패널, 단과대학 주최 Business Idea Competition, Pitch Deck Competition 등의 심사자, Dean's Distinguished Lecture Series 강연자로 동문들이 폭넓게 참여하고 있으며, 이렇게 동문들이 강연할 때는 해당 강사가 동문임을 class year로 명기하여 학생들의 관심을 유도한다. 학생들이 창업자와 캠퍼스에서 만나고 네트워킹 할 수 있도록 하는 Entrepreneurs in Residence 제도에도 동문이 참여하고 있다. 학교가 동문들을 교육에 연계하는 한편으로 동문회는 학교 교수진이 참여하는 conference 등을 정례화하여서 학교와 교류를 지속하고 있다. 예를 들어 Cornell Asia Pacific Leadership Conference는 홍콩의 동문들이 제안하여 2007년부터 아시아지역에서 열리는 연례 conference로, 이 행사를 통해 아시아의 동문들이 교류할 뿐만 아니라, 학교 교수진과도 지속적인 만남을 유지할 수 있도록 운영하고 있다.

또한, 전체 대학 단위로 Homecoming 행사를 운영하여 동문들이 모일 수 있도록 진행하는데, 졸업 후 10년 단위로 이벤트가 조직되어 이벤트가 꾸준하게 이루어질 수 있도록 운영하고 있다.

2) PSU(The Pennsylvania State University)

PSU(The Pennsylvania State University)는 미국의 명문주립대로서 동문들의 높은 자부심과, 재학생과 동문 모두를 연결하는 풋볼이라는 상징으로 인해 동문회 활동이 활발한 학교로 알려져 있다. PSU 동문 멤버십은 2020년 기준으로 총 174,697명이 등록되어 있으며, Alumni회원이 142,849명, 학생회원 6,169명, Parent 3,869명, Friends 21,810명로 구성되어 있다고 한다. 전체 회원의 구성, 재무현황, 개최행사 및 참여인원 등에 대한 정보를 투명하고 체계적으로 관리하고 공시하고 있다. 동문회비는 연회비 $50(평생회비 $700)이며, 재학생 가입 옵션이 있어서 상당수의 재학생들도 동문회에 미리 가입하여 활동한다.

동문회원은 동문 네트워크 DB 접근 허용 및 소모임 참여(Chapter, Society, Interest-based), 학교행사 초대 및 교내시설 이용, 매거진(Penn Stater) 발행, 뉴스레터(AlumInsider) 및 Football letter 발송 등의 혜택을 얻을 수 있다. 동문 회원은 교육 서비스 혜택도 제공받을 수 있는데, Alumni Library Online, Google for Education, Kaplan Test Preparation Services 등의 서비스에 접

근할 수 있는 권한이 주어진다. 졸업예정자 및 사회초년생들에게는 적극적인 취업진로 지원(예: 라이언링크(네트워크DB) 접속 허용, virtual office hour, 웨비나, 상담, 1:1 커리어 코칭, 취업서류 검토, 잡포스팅 맞춤 검색, 모의면접 기회 제공)을 하고 있기도 하다.

PSU는 모교에 대한 기부에 대해 '선물(gift)'이라는 표현을 사용하며, $1 이상의 소액기부가 상시 가능하게 되어 있다. 특히 학교 관련 다양한 굿즈 및 일상용품을 통해 졸업 후에도 모교에 대한 친밀감 및 소속감을 고취한다. (예: PSU 로고 명시 자동차 번호판 및 신용카드 발급, 학교 굿즈 할인구입, 학교 이메일주소 발급). 또한 온라인 쇼핑, 보험 등 여러 제휴사 할인혜택 제공 및 특별 여행기회 제공(예: 전문가 동반 맞춤여행) 등의 서비스도 동문에게 제공되고 있다.

PSU의 동문활동 중 가장 유명한 행사는 THON이라는 댄싱 마라톤이다. PSU에서 운영하는 병원 내 소아암환우들을 위한 기금 조성을 목적으로 만들어진 행사로 참가자는 46시간 동안 쉬거나 앉지 않고 서서 춤을 추는 대규모 댄싱 마라톤으로 미국 내 최대규모의 학생(학부생) 주도 기금조성 프로그램(총 4,000가정 수혜, 누적 총 모금액 1억 9천만불)으로 알려져 있다. 이 뿐만 아니라 Young Alumni Ambassadors라는 프로그램도 최근에 주목을 받고 있다. 지난 2017년 2인의 동문이 기부한 시드펀딩으로 시작된 프로그램이며, 졸업하는 재학생 중 매년 약 5 - 10명을 선발하여 전문가로 활약하는 선배와 매칭 및 멘토링을 진행하는 프로그램이다. 이를 통해 재학생들은 체계적인 취업진로 지원 및 사회진출 혜택을 얻고 있다.

학교는 정기적으로 동문들을 대상으로 교내의 주요한 의사결정 및 동문회 활동, 모교에 대한 의견 등에 대해 설문조사를 실시하고 있으며, 이러한 결과를 투명하게 공시하고 의사결정에 반영하여 동문들의 신뢰를 얻고 있다.

호텔경영학과 및 관광학과가 포함되어 있는 단과대학(College of Health and Human Development, HHD) 차원으로는 먼저 동문들에게 단과대학 소식지를 발송하여 동문과 학교간의 커뮤니케이션을 지속적으로 진행하고 있으며, 동문 운영 기업체에서 학생들에게 인턴 기회를 부여한다던지 재학생 대상 동문 초청 특강을 진행하거나 졸업생-재학생 연결 멘토링 및 취업진로 지원 프로그램을 통해 동문과 재학생 간의 연결을 지원하고 있다. 또한 매년 자랑스러운 동문을 선발하여 시상을 하고 지속적으로 동문들의 근황을 업데이트하고 정기적으로 재학생 및 졸업생 연계 모임을 진행하는 등 단과대학이 동문들의 네트워크를 잇는 매개역할을 자처하고 있다.

4. 요약 및 시사점

동문 네트워크는 학교 발전에 핵심적인 요인이기도 하지만 한국의 대학들이 세계적인 대학들과 비교했을 때 부족한 점이 많은 부분이기도 하다. 경희대 호텔관광대학은 45년이 넘는 동안 1만 5천여명 이상의 동문을 배출하였으며, 동문들이 관광업계에서 이루어낸 성과는 현재 경희대 호텔관광대학의 브랜드 가치를 만드는 기반이 되었다.

경희대 호텔관광대학의 동문 네트워크는 국내 주요 대학과 마찬가지로 동문들의 자발적인 참여로 조직된 동문회에 의해 이루어져 왔다. 하지만 계속된 편제 개편 및 학과의 변동 등으로 인해 동문 네트워크에 부분적 단절들이 발생하고 있으며, 관리에 있어서도 부족한 면들이 존재한다.

동문 네트워크로 유명한 미국의 Cornell University와 The Pennsylvania State University의 사례들을 보면, 주요한 호텔관광대학은 동문 네트워크를 대학의 핵심적인 활동의 하나로 인지하고 있으며 학내에 동문 네트워크를 전담하는 별도의 조직을 통해 동문 네트워크 운영에 적극적으로 나서고 있다. 특히 학내 주요 행사에 동문들이 지속적으로 참여할 수 있게 하며, 다양한 채널을 통해 동문과 학교가 교류할 수 있도록 노력하고 있다. 또한 소액 기부 문화를 활성화하여 동문들이 학교의 발전에 기여할 수 있도록 장려하고 있다.

호텔관광대학과 같이 실천적인 학문을 다루는 영역에서는 네트워크가 더욱 더 중요한 가치를 지닌다. 경희대는 이미 규모나 질적인 측면에서 훌륭한 동문 네트워크의 기반을 보유하고 있는 만큼, 이를 잘 조직화하여 학교 및 동문의 발전 모두에 기여할 수 있도록 노력해야 한다.

제 3장

경희대 호텔관광대학의 미래

경희대학교 호텔관광대학

KYUNG HEE UNIVERSITY

COLLEGE OF HOTEL & TOURISM MANAGEMENT

I. 경희대 호텔관광대학을 둘러싼 환경의 변화

1. 교육 환경의 변화

1) 학령인구 감소와 교육서비스 시장의 변화

최근 국내 대학교육환경에 있어서 가장 중요한 이슈 중 하나는 학령인구의 감소로 인한 충격이다. 1990년대 이후 지속적으로 감소하고 있는 출생률로 인해 1994년 한해에는 72만명 규모이던 출생아 수는 2000년에는 63만명으로 감소하였으며, 2020년에는 27만명까지 줄어들었다. 이러한 출생아 수의 감소는 대학 입시환경에 직접적인 영향을 미치고 있다.

2019년에 대학입시에 지원하는 2000년생은 63만명 규모였지만 출생자수가 급감하게 되어 2002년생의 경우 49만명으로 감소하였다. 이로 인해 2021년 대학입시는 신입생 지원자가 미달하는 사태가 발생하였으며, 총 2만6천명 규모의 대입 추가모집이 진행되었음에도 불구하고 최종적으로는 1만명 규모의 정원미달 사태가 발생하였다. 서울에 소재한 대학에서도 경희대를 포함한 12개 대학을 제외하고는 모두 신입생 정원 미달사태가 발생하여 추가모집이 시행된 바 있다. 이러한 정원미달사태는 2024년까지 지속적으로 심화될 것이다. 2024년에 대학입시에 지원하는 2005년생 규모가 43만5천명으로 현재 입시정원인 54만명 대비 10만 5천명이 적은 상황이다 (그림12 참고).

2024년부터 2023년까지는 입시정원 미달규모가 변화하지 않지만 2035년부터 학령인구가 감소하기 시작하여 2039년까지 추가적으로 17만명이 감소할 것으로 추산된다. 이에 따라 2019년부터 2024년까지 20만명이 감소하고, 추가적으로 2035년부터 2039년까지 17만명이 감소하여 2039년에는 현재 대학모집정원의 50% 수준인 27만명의 학령인구가 예상되고 있다.

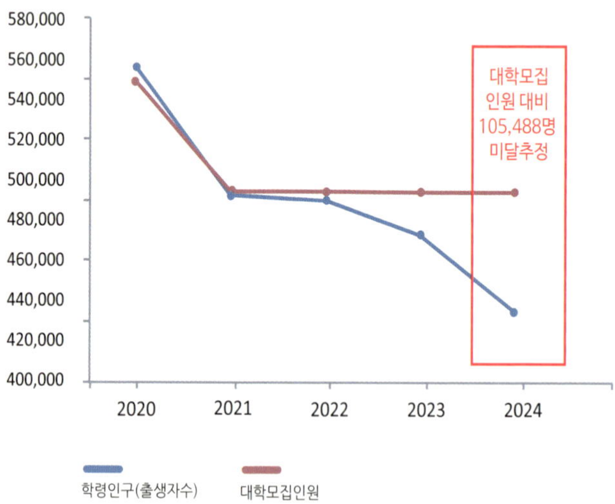

〈그림12〉 2020~2024년 대학모집인원대비 학령인구

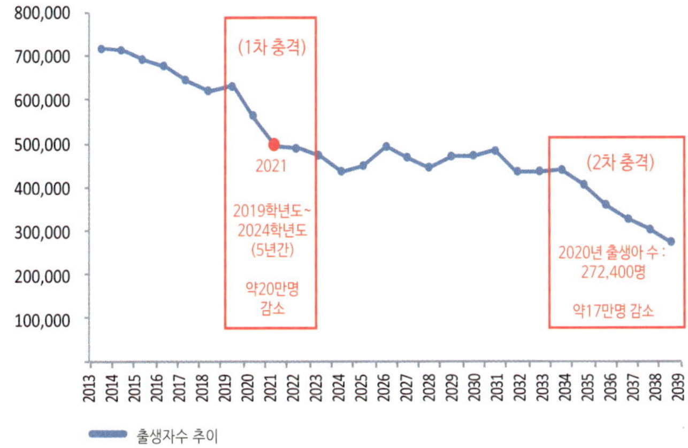

〈그림13〉 1994~2039년 대학모집인원대비 학령인구

이러한 학령인구의 감소는 교육 서비스 내 경쟁을 심화시킬 것으로 예상된다. 지금까지 대학 교육서비스는 지속된 초과수요로 인해서 정원미달이라는 고민보다는 대학 랭킹과 같은 외부적인 평가에 집중해왔다. 하지만 대학랭킹의 핵심지표들은 실제 대학 교육의 수요자들이 원하는 요인과는 거리가 먼 부분이 많다. SSCI 논문을 많이 쓰는 대학은 대학원을 지원하는 학생 관점에서는 의미가 있겠으나, 대학을 지원하는 학생에게는 이러한 지표는 큰 의미를 가지지 못한다. 이제 우리는 학생들의 선택을 받기 위해 무엇을 해야 하는지 고민을 해야 한다. 실제로 2021년에는 경희대 자율전공학부 학생들에게 단과대학을 소개하는 자리에서 한 학생이 호텔관광대학을 소개하는 교수에게 다음과 같은 질문을 한 적이 있다. "그래서,

저희가 호텔관광대학을 선택해야 하는 이유가 무엇일까요?"

그동안 우리는 학생들을 선택하는 자리에 서 있었지, 학생들이 우리를 선택한다는 관점에서 우리의 교육 서비스를 돌아본 적이 없었다. 위와 같은 질문에 호텔관광대학이 학생들에게 만족할만한 답변을 제시하지 못한다면 지금과 같이 뛰어난 학생들을 기반으로 호텔관광대학 분야에서 1위 브랜드를 유지하는 것은 요원한 일이 될 수도 있다.

2) 온라인에 기반한 국내외 교육 프로그램 확대

교육에서 온라인을 이용한 원격 교육에 대한 시도는 매우 오래되었다. 그러나 학생과 교수, 그리고 교육행정 등 모든 면에서 수용 저항이 존재하였기 때문에 온라인 교육의 수용은 방송통신대학교나 사이버대와 같이 한정적인 영역에서 이루어져 왔다. 일반적인 대학 교육에서 온라인 교육 프로그램은 전체 교육의 20% 이내로 이루어지도록 교육부가 제한하고 있으며, 온라인 교육을 위한 시스템을 구축하는 비용이 상당하기 때문에 주요 대학의 온라인 교육 포털은 주로 수업자료의 공유나 과제 제출 등을 용이하게 하는 보조적인 역할에 한정되어왔다. 온라인 교육을 위한 콘텐츠를 만들기 위해서는 별도의 장비 및 공간이 필요하였으며, 이러한 콘텐츠 제작 환경에 걸맞는 교육 콘텐츠를 만드는 것 역시 교수에게 큰 부담으로 작용하였다. 전문가가 편집한 온라인 콘텐츠에 대해서 학생들은 편하게 수업을 들을 수 있는 장점은 있지만 사이버대학과 차별화가 되지 않는다며 큰 선호도를 보이지 않은 것도 온라인 교육의 확산을 어렵게 하는 한 요소였다.

그러나 코로나19가 이러한 수용 장벽을 모두 허물고 온라인 교육의 새지평을 열었다. 대학들은 위기를 극복하기 위해 상당한 투자에도 불구하고 빠르게 온라인 교육 플랫폼을 구축하였으며, 이 플랫폼을 통해 효과적인 온라인 교육의 운영이 가능해졌다. 온라인 교육에 대한 교육부의 제한도 사라져서 사이버대학이 아니라 하더라도 100% 온라인 교육에 기반한 학사/석사 과정도 운영할 수 있게 되었다. 교수들도 온라인 교육에 적응하여 기존의 오프라인 중심 교육을 온라인 교육 환경에 맞추어 재구성할 수 있게 되었으며, 이러한 과정에서 온라인 환경에 적합한 교육기법들이 개발되고 확산되기 시작하였다. 온라인 교육을 쉽게 운영할 수 있는 Zoom과 같은 어플리케이션 및 온라인 교육을 위한 기초적인 장비들이 보급됨에 따라 별도의 스튜디오나 전문가의 도움 없이도 누구나 쉽게 온라인 교육 콘텐츠를 만들 수 있게 되었다. 학생들도 온라인 교육에 적응하면서 이제 온라인 교육은 대학 교육의 핵심적인 도구 중 하나로 자리잡게 되었다. 이러한 변화는 코로나19가 끝난다 하더라도 되돌아가기 힘들 것으로 보이며, 향후 대학 경쟁력은 어떻게 효과적으로 온라인 교육을 운영할 수 있는지 여부가 결정하게 될 것이다.

온라인 교육의 장점은 시간과 공간의 구애를 받지 않는다는 점이며, 이는 대학 교육의 경쟁 범위가 이제는 국내의 범주를 벗어나서 글로벌하게 확장된다는 점을 뜻한다. 이미 세계적인 호텔관광대학은 온라인에 기반한 학사 및 석사 프로그램을 제공하고 있다. Griffith University는 유학생이 학교를 지원할 때 캠퍼스를 선택할 수 있는데, 오프라인 캠퍼스 뿐만 아니라 별도로 디지털 캠퍼스가 존재하여서 온라인 교육만으로도 학위를 확보할 수 있게 교육 프로그램을 제공하고 있다. University of Central Florida의 경우 호텔관광분야의 일반적인 대학 교육 프로그램은 오프라인으로 진행되며 연간 평균적으로 $22,000 규모의 등록금을 내야 하지만, 온라인 교육 프로그램의 경우 오프라인 대비 1/4 수준의 등록금만 내고 학사 프로그램을 수료할 수 있다. 물론, UCF는 오프라인 교육과 온라인 교육을 차별화하기 위해서 호텔관광대학의 온라인 교육은 실제 산업경력이 2년 이상인 사람만 지원 가능하게 구성하고 있다. 해외 대학의 온라인 교육 역시 그동안은 특정 학교 중심으로 확장되어 왔지만 이제는 코로나19로 인해 일반화되기 시작하였으며 주요 명문대학들은 현재 적극적으로 온라인 학위 프로그램을 한국이나 중국 등 유학 니즈가 많은 지역에 적극적으로 홍보하고 있다.

특히 2020년 6월에 변경된 교육부 지침에 따라 학사과정의 경우 해외 대학과 국내 대학 공동운영을 할 때 100% 온라인 교육이 가능하도록 변경되었다. 이러한 변화에 대응하여 연세대의 경우

Cornell Univeristy와 학생교환협정을 체결하고 한국인 유학생에 대한 강의제공을 진행하고 있으며, 서울대학교의 경우에도 해외 주요 대학과 공동 온라인 교육과정을 검토하고 있다고 한다.

이러한 온라인 교육의 확장은 이제 호텔관광 교육의 경쟁 범위가 국내에서만 한정하지 않고 글로벌하게 진행됨을 뜻한다. 이는 경희대학교 호텔관광대학에 두가지 시사점을 제공한다.

첫 번째는 현재 운영하고 있는 교육 서비스의 수준이 글로벌 경쟁에 맞추어 이루어져야 함을 의미한다. 과거 해외 대학의 유학은 한국보다 높은 등록금 뿐만 아니라 타국에서 생활을 하기 위한 비용 및 다양한 장벽들로 인해 한정된 학생들에게만 주어진 기회였다. 지금은 해외 명문대학들이 앞다투어 온라인 학위 프로그램을 개설하고 있다. 여전히 해외 대학의 등록금은 국내 대학대비 높긴 하지만, 지방에서 경희대학교를 진학하고자 하는 학생의 경우에는 해외 대학 온라인 프로그램이 오히려 경제적으로 더 나은 선택일 수도 있다. 이에 따라 경희대학교 호텔관광대학을 지원하는 학생들은 학교 지원에 있어서 국내 대학뿐만 아니라 해외 대학까지 고려를 한다는 관점 아래 교육 서비스 개선이 이루어져야 한다.

두 번째로는 경희대 호텔관광대학의 교육의 범위가 이제는 국내뿐만 아니라 글로벌 확장이 가능하다는 점이다. 한류의 영향으로 경희대학교 호텔관광대학에 유학을 오는 해외 유학생들이 급격하게 증가하고 있으며, 해외 대학에서 공동 학위 프로그램의 제안 및 호텔관광대학의 해외 캠퍼스 설치 요구 등이 지속적으로 증가하고 있다. 그동안은 교수 파견 등의 어려움으로 인해 한국으로 유학을 오는 학생들에 한정하여 교육 프로그램을 운영하여 왔지만, 온라인 교육은 경희대 호텔관광대학이 해외로 진출하는 데 있어 장애를 대부분 극복할 수 있게 해주었다. 이에 따라 이제는 교육 서비스의 관점을 국내가 아닌 글로벌 관점에서 바꾸고 국제적인 경쟁력을 가진 온라인 교육 프로그램을 구축하여야 한다.

2. 산업 환경의 변화

1) 지속가능성의 대두

지속가능성은 현대 인류의 생존과 관련된 주요한 이슈가 되었다. 계속된 경고에도 불구하고 지속적으로 이루어진 환경오염과 온실가스의 배출은 지구의 온도를 상승시켜 기후변화를 일으키고 있으며, 이제는 지구가 견딜 수 있는 한계가 얼마 남지 않았다고 과학자들이 경고하고 있다. 이에 따라 지속가능성에 대한 고려는 기업의 지켜야 하는 사회적 책임으로 인식되기 시작하였으며, 기업의 지속가능성에 대한 활동 여부는 해당 기업에 대한 재무적 성과에까지 영향을 미치기 시작하였다.

지속가능성은 본질적으로 자원보전과 개발에 대한 균형이다. 지속가능성이라는 개념은 산림학에서 출발하였으며 숲을 유지할 수 있는 정도 이상으로 벌목하면 안된다는 뜻에서 출발하였다. 로마

클럽에서 현재와 같은 속도를 유지할 경우 우리 인류의 생존에 필수적인 천연자원이 1-2세대 안에 고갈될지도 모른다는 경고를 한 이후 지속가능성은 전 인류가 고민하여야 할 명제로 자리잡았다. 그런데 지속가능성에 있어서 개발은 복합적인 속성을 가진다. 이는 단지 경제성장만 의미하는 것이 아니라 사회발전을 포괄하며, 지속가능성은 경제성장과 사회발전 그리고 환경보호의 균형점을 찾는 여정이다.

그동안 관광에서 지속가능성은 1990년대부터 논의되기 시작하여 이제는 관광 연구의 핵심적인 연구주제 중 하나로서 다루어지고 있다. 하지만 지속가능성은 하나의 산업이나 지역에 한정된 것이 아니라 지구 전체가 고민해야 할 문제로 대두되었다. 경희대학교 호텔관광대학은 관광산업에서 지속가능성에 대해 세계적으로 이름이 알려진 연구자들을 보유하고 있지만, 교육 측면에서 지속가능성에 대해서는 소홀했던 것은 사실이다. 전공교육체계 내에서 지속가능성에 대한 담론을 포용하고, 연구나 산학협력 측면에서는 지속가능성에 대한 수많은 시행착오를 통해 얻어진 경험과 노하우를 다른 산업으로 확장시켜서 시대적 요구에 부응할 필요가 있다.

2) 뉴노멀로 인한 호텔관광산업의 구조 변화

코로나19로 인해 사회 전반에 큰 변화가 있었지만 관광산업만큼 크게 영향을 받은 산업도 없을 것이다. 방역으로 인해 수많은 해외 항공노선이 중단되었으며 북적이던 공항은 황량하게 변하였다. 사회적 거리두기로 인해 사람들에게 유명 관광지는 외면받기 시작하였으며 대면 중심의 관광산업은 큰 충격을 받았다.

이러한 상황에서 생존을 위해 관광산업은 산업을 재정의하고 업의 개념을 확장시키고 있다. 호텔은 비어있던 객실을 회의실이나 여가 공간으로 재정의하고 활용할 뿐만 아니라, 기존의 호캉스에서 좀 더 나아가 호텔이 오피스나 색다른 경험을 할 수 있는 고급 생활 공간의 영역까지 확장하여 호텔 서비스의 범위를 확장시키고 있다.

관광의 경우 단체관광 패키지 위주에서 개별 관광으로, 오프라인 중심에서 온라인을 통한 플랫폼 구조로 변화하는 과정에 있었으나, 코로나19는 이러한 변화를 급격하게 가속하여서 변화를 따라잡지 못하는 기업의 생존을 불가능하게 만들었다. 온라인을 통한 관광서비스는 '가상현실 관광', '온라인 체험', '랜선 투어', 그리고 '메타버스 투어리즘'이라고 불리는 새로운 형태의 관광상품까지 확장되어 사람들이 장소의 이동을 통해 경험을 확장 시킨다는 관광업의 본질까지 변화시키고 있다.

서비스 전반에 있어서 비대면의 중요성이 증가하고 있으며 이러한 비대면 서비스를 구성하는 IT 기술이 관광산업의 핵심적인 요소로 부각 되고 있을 뿐만 아니라 인공지능 및 로봇이 실제 현장에서 적용되어 비대면 서비스를 확장해나가고 있다. 이러한 변화는 관광산업, 더 나아가 서비스 산업 전반의 노동환경을 변화시키고 있으며, 서비스 환경의 중심 역시 오프라인에서 디지털로 변화하고 있다. 이로 인해 산업이 요구하는 인재상도 변화하고 있다. 이제 서비스 산업의 핵심 인재로 자리잡기 위해서는 산업과 경영에 대한 전문성 뿐만 아니라 데이터 분석 및 IT 기술에 대한 이해까지 요구하고 있다.

이러한 변화에 주요 호텔관광대학도 빠르게 대응하고 있다. University of Central Florida는 석사과정에 Travel Tech라는 학위과정을 별도로 구축하고 공과대학과 협업하여 호텔관광뿐만 아니라 기술기반 역량까지 보유한 인재를 키우고 있으며, 학부과정에서도 Hospitality Information Technology 트랙을 개설하여 학부 수준에서 충분히 현재 호텔관광산업의 핵심적인 기술을 이해하고 이러한 기술의 이해를 바탕으로 마케팅 및 경영을 할 수 있는 역량을 확보하고자 하고 있다.

University of Surrey는 별도의 트랙이나 학과 개편을 진행하지는 않고 있으나 디지털 기술을 이용한 수업이나 혁신 신제품 관련한 디자인 수업, 디지털 마케팅 등의 수업들을 신규 개설하여 이러한 변화에 대응하고자 하고 있다. 세종대학교의 경우에는 산업의 변화에 대응하기 위해 데이터마이닝, 빅데이터, 데이터분석, AI, 로봇, 소프트웨어 설계, IOT 등 전통적인 호텔관광 영역을 넘어 공학 영역까지 포괄하는 수업을 개설하고 있다.

뉴노멀 이후 사회의 요구를 기존의 전통적인 호텔관광 교육과정으로는 맞추기 어렵다는 점은 세계의 주요 호텔관광대학들이 공감하고 있으며, 이러한 변화에 대비하기 위해 다양하게 교육과정을 개편하고 있다. 이러한 변화에 맞추어 경희대학교도 BK21사업을 통해 스마트관광원이라는 대학원 과정을 새롭게 만들어 대응하고 있다.

이러한 과정에서 잊지 말아야 할 것은 호텔관광대학 교육의 중심에는 사람이 있다는 것이다. 기술의 중요성이 부각됨에 따라 인간에 대한 이해의 중요성이 상대적으로 소홀해지는 면이 있다. 하지만 기술에 기반한 혁신제품의 성공에 있어서 인간에 대한 이해는 필수요소라는 것이 수많은 혁신 제품들의 성공과 실패 사례, 그리고 연구들에서 공통적으로 지적하고 있다. 호텔관광대학에서 기술 교육도 기술 그 자체가 아니라 기술을 둘러싼 인간의 이해라는 관점에서 접근할 필요가 있다.

3) 여가산업에서 엔터테인먼트의 중요성 대두

우리나라의 관광산업은 1960년대 이후 외화벌이를 목표로 정부의 주도하에 시작되었으며, 1970년대에는 관광을 국가의 전략사업으로 지정하여 인바운드 관광 활성화에 집중하였다. 하지만 1990년대에 들어서 정부는 국민관광에도 관심을 기울이기 시작했고, 관광휴양시설의 확충, 휴가제도 개선 등 국민의 삶의 질 향상을 위한 관광환경 조성을 추진하였다. 특히, 3차 관광개발기본계획에 등장한 '생활관광'이라는 용어는 관광의 범위를 일반적인 관광지뿐 아니라 일상공간으로 확대하였다. 예를 들어, 생활관광 실현을 위한 세부사업 중 '도시공원의 생활관광 자원화'는 도심 내 근린공원 확충 및 편의시설 개선을 통해 국민이 생활 속에서 관광을 누릴 수 있게 하는 것을 목표로 한다.

2000년대 이후 경제력 향상으로 우리 사회에서는 물질적 풍요보다 정신적 풍요를, 일보다 여가를 중시하는 문화가 강조되었으며, 이는 인간다운 삶, 인간성의 회복, 삶의 질에 대한 추구와도 맥을 같이 한다. 그러나 현대인들은 바쁜 삶을 살아가며 여가시간을 양적으로 확보하는 것뿐 아니라, 어떠한 활동을 어떠한 마음의 상태로 수행하는가에 대해서도 관심을 가지기 시작했다.

한편 기술과 미디어의 발달로 현대인들은 온라인 공간에서도 다양한 엔터테인먼트를 통해 여가를 즐기기 시작했다. 스마트폰의 기능 고도화 및 5G 통신 기술 고도화, AI/VR 기술 상용화, Wifi를 제공하는 SOC수준 향상 등의 기술적 진보에 따라 온라인 공간으로 생활 범위가 확대되었다 (예: 다양한 온라인 여가활동, 메타버스). 또한 다양한 O2O 서비스가 출현하면서 기존 오프라인상에서 행해지던 많은 산업 영역(예: Airbnb, 온라인금융, 배달서비스)이 온라인 플랫폼을 기반으로 재편되었다. 일상 속에서 온라인 공간의 비중이 확대되면서 물리적 공간의 이동을 통한 직접적 여행경험에서 얻는 여가적 편익만큼이나 일상적인 온라인 공간에서의 체험과 경험도 높은 만족과 관여도를 창출하게 되었다.

특히 코로나19로 인한 물리적 이동의 제약은 이러한 변화의 촉매 역할을 하게 되었다. 온라인 공간에서의 여가활동은 과거 단순 정보 탐색과 교류 수준(텍스트 기반)에서 이미지/영상/게임/VR 등의 다양한 콘텐츠 소비로 확대되었고, 콘텐츠 공급의 역할을 하는 엔터테인먼트 사업의 영향력 또한 더욱 커졌다.

문화콘텐츠 및 엔터테인먼트 요소는 글로벌 플랫폼을 기반으로 언어와 지역의 경계를 넘나들며, 현대사회 여행의 중요한 동기가 되기도 한다. 예를 들어, 2020년 영화 기생충의 미국 아카데미 수상, 2021년 BTS의 빌보드 '핫 100' 차트 5주 연속 1위 등과 같이 한국 문화산업은 세계적으로 주목받고 있으며, 이는 한국의 국가 이미지 제고 및 관광객 유입에 직·간접적으로 크게 기여한다. 최근 실시한 문화적 영향력 조사 결과에 따르면 한국은 전 세계 76개 국가 중 7위를 차지하였다. 이제 한국의 엔터테인먼트 산업은 한류라는 이름으로 전세계에 영향을 떨치고 있으며, 관광에 있어서도 한류는 한국의 관광산업을 떠받치는 핵심으로 자리매김하고 있다.

현대인들의 여가에 있어 엔터테인먼트는 영향력이나 규모, 이용빈도의 측면에서 핵심적인 영역으로 등장하고 있으나, 엔터테인먼트 콘텐츠를 제작하는 영역 이외에 경영이나 사회과학 측면에서 이 산업영역을 다루는 학술분야는 현재 불분명한 상황이다. 여가학은 그 시작이 삶의 질 향상을 위해 어떻게 하면 행복하고 건강하게 즐거운 삶을 살 것인가를 다루는 학문이기에 전세계의 호텔관광대학은 여가학의 관점에서 엔터테인먼트에 기반한 경험산업을 학문적 범위 안에 포함하려하는 시도들을 하고 있다. 현재 상하이 호텔관광학 분야 랭킹 상위권 대학 중 5개 대학(The Hong Kong Polytechnic University, University of Central Florida, Temple University, Virginia Tech, University of South Carolina)은 experience management 또는 entertainment management를 학부 과정 내 별도의 학과 또는 학위과정으로 포함하여 가르치고 있으며, 미국 University of Central Florida와 The Hong Kong Polytechnic University의 경우에는 experience design이라는 엔터테인먼트의 기능적 관점까지 포함하여 학문 분야의 지평을 넓히고 있다.

II. 경희대 호텔관광대학의 발전 전략

경희대 호텔관광대학은 세계 최고 수준의 호텔관광 교육·연구 기관을 목표로 하고 있다. 이러한 목표를 달성하기 위해 호텔관광대학은 세계적인 호텔관광대학들을 면밀하게 살펴보고 분석을 진행하였다. 분석 결과 세계적인 호텔관광대학들이 공통된 특성이 존재하기보다는 각 대학이 가지고 있는 고유한 강점 및 환경을 기반으로 일관성인 방향성을 가지고 미래지향적인 프로그램을 운영하는 태도가 경쟁력을 유지하는 근본이 된다는 것을 확인할 수 있었다.

이에 따라 발간위원회는 경희대 호텔관광대학의 현재, 그리고 환경의 변화를 살펴보며 경희대 호텔관광대학의 정체성에 부합하는 5가지 방향성을 도출하였다.

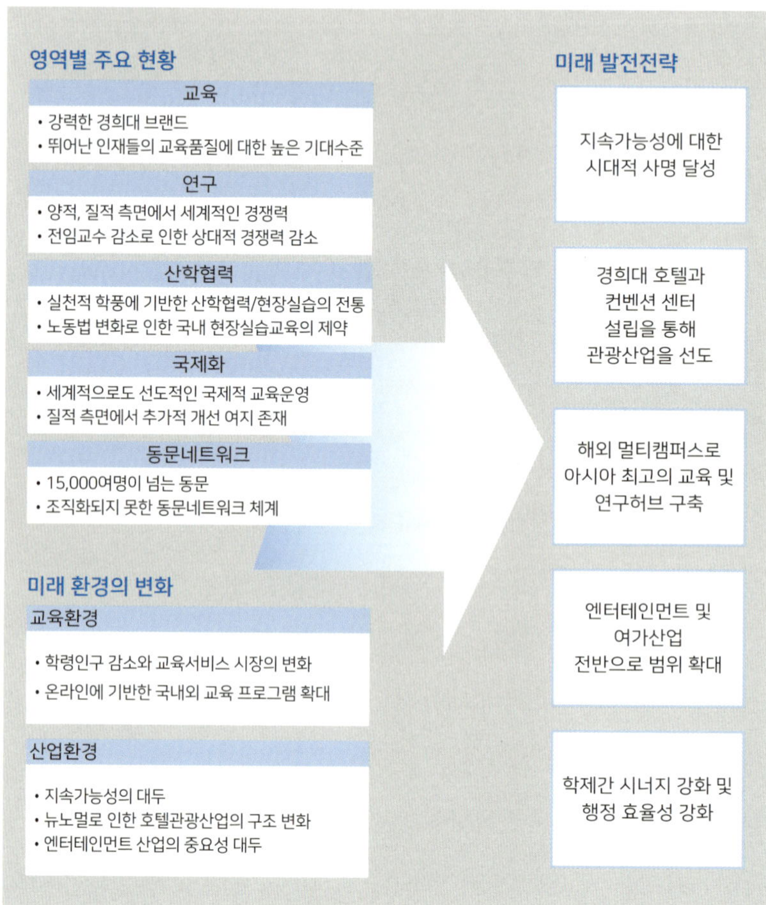

〈그림14〉 호텔관광대학 미래발전전략

1. 지속가능성에 대한 시대적 사명 달성

발간위원회가 조직되며 지속가능성에 대한 시대적 사명을 발전 전략의 하나로 논의를 진행하였을 때 지속가능성은 '미래를 위한 방향성', '다가올 위기를 준비하는 대학의 사명감'에 기초한 방향성이었다. 하지만 현재 백서를 마무리하는 이 시점에 발표된 기후변화에 관한 정부간 협의체(IPCC: Intergovernmental Panel on Climate Change)의 6차보고서에서는 지구온난화로 인한 기후위기의 마지노선인 산업화 이전 지구평균온도 대비 1.5도 온도 상승이 10년 앞당겨진 2030년대로 당겨졌다고 보고하였으며, 일부 과학자들은 이제 1.5도 온도 상승으로 인한 기후위기는 피할 수 없는 숙명이기에 기후 위기 상에서 인류가 생존하면서 위기를 극복할 방법을 찾아야 한다고까지 주장하고 있다.

경희대 호텔관광대학은 경제, 사회, 환경의 지속가능성 측면에서 관광산업의 역할 및 기업의 책임, 그리고 이러한 문제를 해결할 방법에 대해 다각도로 연구를 진행해왔다. 특히 관광산업은 다른 산업과 다르게 좁은 지리적 환경에서 지속가능성에 대한 다양한 실험이 진행된 역사를 보유하고 있으며, 이러한 경험을 확장하여 지속가능성에 대한 시대적 사명을 달성해야 한다는 사회적 책무를 경희대 호텔관광대학이 가지고 있다는 데에 있어서 구성원 모두가 동의하고 있다.

지속가능한 관광산업, 그리고 더 나아가 Hospitality 산업 및 여가산업의 발전을 위해 경희대 호텔관광대학은 다양한 노력을 기울여왔다. 무엇보다 지역사회 관점에서 경희대 인근 지역주민과 상생하는 노력을 기울였으며 네이버와 협력하여 인근 식당 등의 모바일 홈페이지 제작을 학생들과 진행한다던가, 식당들의 메뉴판을 전문적인 관점에서 자문을 진행하고 개선하는 일을 돕는 등 지역사회의 발전을 돕는 데 지속적으로 일조를 해왔다. 환경 관점에서는 지속가능성 측면에서 기존의 레시피를 탄소발자국을 최소화할 수 있도록 개선하거나, 소비자들이 관광상품을 선택함에 있어서 지속가능성을 더 고려할 수 있도록 하는 방안을 소비심리나 마케팅의 방법론을 통해 개발하는 등 실천적인 영역에서 지속가능성의 목표를 달성하는 데 일조하려 노력하였다.

이러한 지속가능성에 대한 경희대 호텔관광대학의 노력은 경희대학교의 학풍에 큰 영향을 받았다. 경희대학교는 인류 문명의 더 나은 미래를 목표로 연구 및 교육 뿐만 아니라 지역사회와 국가, 그리고 지구사회에 대한 공헌을 장려하고 있다. 봄에는 학교를 개방하여 주민들이 캠퍼스의 꽃을 즐길 수 있도록 할 뿐만 아니라 지자체와 협력하여 교내 산책로를 만들어 주민들에게 개방을 하고 있다. 또한 교내 박물관을 무료로 개방하고 있으며, 정기적으로 음대에서 오케스트라 공연을 무료로 공개하여 지역 커뮤니티 사람들이 문화를 향유할 수 있게 하고 있다. 이러한 노력을 인정받아 경희대는 대학의 지속가능성에 대한 영향을 평가하는 2019년도 THE

University Impact Ranking에서 국내 1위 세계 27위를 하였다. 특히 '안전하고 복원력 있는 지속가능한 도시와 인간거주' 영역에서는 평가 대학 중 세계 1위로 인정을 받기도 하였다.

그러나 여전히 지속가능성과 관련하여 많은 문제가 놓여 있는 상황이다. 지속가능성은 이제는 먼 미래를 대비하는 과제가 아니라 당장 우리 세대가 해결해야 하는 시급한 문제가 되었다. 이를 위해서 경희대 호텔관광대학은 인재 육성 목표에 '지속가능성을 이끌어나갈 리더 육성'을 추가하고 전공 교육 과정에서 지속가능성을 핵심적인 교육 목표 중 하나로 운영하고자 한다. 또한, 균등 교육 및 평생교육의 관점에서 평생교육 및 직업재교육까지 교육의 범위를 확장하여 지속가능한 사회를 만드는 데 기여하고자 한다.

연구 및 산학협력 관점에서 경희대 호텔관광대학은 그동안 진행해왔던 지속가능성의 연구에 대한 투자를 강화하고, 산학협력을 통해 관광산업에서 쌓아온 지속가능성 분야의 리더십을 다른 분야까지 확산시키는 데 전력을 기울이고자 한다. 무엇보다 지속가능성 측면에서 잘 정비된 관광산업은 환경을 훼손시키지 않고 국가 및 지방경제에 효과적으로 기여 할 수 있는 핵심적인 경제발전의 동력인 만큼 국가 및 지방정부의 관광산업 발전 정책에 지속가능성 관점에서 적극적으로 기여하여 더 살기 좋은 사회를 만드는 데 일조하고자 한다.

2. 경희대 호텔과 컨벤션 센터 설립을 통한 실천적인 연구와 교육 강화

전세계적으로 호텔관광대학은 실용적인 학풍을 유지하고 있으며 실천적인 연구 및 교육을 진행하고 있다. 이러한 학풍을 유지하기 위해 필수적인 것이 학교에서 직접 운영하는 호텔, 레스토랑 및 컨벤션 센터이다. The Hong Kong Polytechnic University, 미국의 Cornell University, PSU(The Pennsylvania State University), UCF(University of Central Florida), Purdue University 등 호텔관광산업을 선도하는 대학들은 대부분 학교 내에 호텔을 보유하고 있으며, 아직 호텔을 확보하지 못하고 있던 영국의 University of Surrey도 최근 호텔 착공에 들어갔다. 국내의 주요 호텔관광대학인 한양대와 세종대도 호텔 및 컨벤션 센터를 보유하고 이를 현장실습 및 연구에 적극적으로 활용하여 높은 성과를 내고 있다.

세계적인 호텔관광대학으로의 발돋움을 위해 대학 주도 하의 호텔 건립은 꼭 필요하다. 호텔 건설 및 운영은 교육과 연구, 평판 및 재정 등 네 가지 측면에서 경희대 호텔관광대학에 큰 도움이 될 것이다.

먼저 교육 측면에서 학생들은 학교가 직접 운영하는 호텔을 통해 단순한 현장실습을 넘어서 산업에서의 실제 경험을 다양한 측면에서 경험할 수 있다. 또한 현장에 학생들의 아이디어가 반영되어 실제 현장에 반영되는 프로세스를 통해 학생들은 실천적인 업무역량을 강화하고 산업에 대한 자긍심을 얻을 수 있다. 무엇보다 단순한 업무 중심이었던 그동안의 현장실습에서 벗어나 체계적이고 목적지향적인 현장실습을 통해 실천적인 교육 목표를 쉽게 달성할 수 있다. 실제 호텔경영에 참여하는 총지배인, 마케팅 매니저, 인사팀장 등의 관계자들이 진행하는 수업을 통해 학생들은 산업 중심의 지식을 얻을 수 있다. 이러한 호텔운영진의 수업 참여는 뛰어난 인재를 호텔에 영입하는 데 도움을 줄 뿐만 아니라, 현재 호텔관광대학이 직면한 강사 부족의 문제도 상당부분 해소할 수 있다.

연구 측면에서 학교가 직접 운영하는 호텔은 교수들이 진행한 연구 결과를 실제 호텔경영에 적용할 수 있는 기회를 제공할 수 있으며, 이를 통해서 얻어진 성과는 산업을 선도하는 혁신으로 연결할 수 있다. 또한 교수 및 연구자들은 호텔을 통해 Field experiment를 수행할 수 있는 기회를 확보할 수 있으며, 이는 연구의 질을 큰 폭으로 향상시켜 높은 성과를 만들어낸다는 것은 선도 대학들이 증명하고 있다. The Hong Kong Polytechnic University의 학교 내 직영 호텔인 Hotel Icon은 호텔 10층에 "Tomorrow's Guestrooms"라는 3개의 객실을 통해 다양한 아이디어를 실제로 구현해보거나 현장에 기반한 연구를 진행하고 있다. 특히 스마트호텔이라는 개념 하에 호텔 안에 설치된 Field Experiment Lab은 새로운 기술들을 반영하거나 기술, 디자인 및 경영 등 다양한 학과의 협동이 이루어지는 장으로 적극 활용되고 있으며, 이러한 과정에서 실증된 새로운 서비스들은 호텔 산업의 서비스 표준을 바꾸고 있다.

호텔과 컨벤션 센터의 설립은 학계의 평판 뿐만 아니라 산업내의 평판 측면에서도 큰 역할을 할 것이다. 호텔관광학은 실용적인 학문의 특징으로 인해 대학 내 호텔이나 컨벤션 센터와 같은 시설의 존재 여부는 학생들의 인식 뿐만 아니라 대학 평판 평가에도 중요한 역할을 한다. 경희대 호텔 건립은 대학의 평판 증가에 큰 도움을 줄 뿐만 아니라 궁극적으로는 세계대학 순위 상승에 중요한 역할을 할 것으로 예상된다. 현재 경희대 호텔관광대학이 호텔 기획을 위해 벤치마킹을 진행하고 있는 The Hong Kong Polytechnic University의 Hotel Icon은 'Teaching and Research Hotel'이라는 명확한 가치를 지향하며, 이를 유지하기 위해 어떤 체인브랜드와 제휴하지 않고 독자적인 운영을 추구하고 있다. 그럼에도 불구하고 Hotel Icon은 TripAdvisor의 소비자 평가에서 계속 홍콩 호텔 중 상위 5위권 내를 유지하며 높은 성과를 보이고 있으며, 다양한 호텔 관련 상을 수상하고 있다. 이는 교내 직영 호텔을 통해 배출한 경험 많은 인재와 실제 업무현장을 통해 실증된 연구결과, 그리고 이를 기반으로 한 혁신적인 서비스와 경영으로 이룬 성과이며, 경희대 또한 교내 직영 호텔을 바탕으로 세계적인 호텔경영 및 서비스 표준을 제시하는 산업의 리더로서 자리매김할 수 있다.

마지막으로 교내 호텔 및 컨벤션 센터 건설은 새로운 소득원 및 비용 절감의 도구로서도 큰 역할을 할 것이다. 호텔 및 컨벤션 센터는 수익률이 높은 산업으로서 지속적인 추가 소득을 통해 대학 운영에 기여할 수 있다. 또한 국제 교류 등을 통해 지속적으로 발생하는 교내의 호텔 수요를 내부적으로 소화함으로서 비용을 절감할 수 있다는 것이 이미 다른 대학의 사례에서 증명된 바 있다. 이렇게 절감된 비용과 추가적인 수익은 학교의 발전을 더욱 더 가속화 할 수 있는 원동력이 될 것이다.

3. 해외 멀티 캠퍼스 구축을 통한 국제 네트워크 강화

BTS로 대표되는 한류의 전 세계적인 확산과 한국의 경제적인 성장은 아시아 지역의 다른 주변 국가들의 한국에 대한 국가이미지를 크게 향상시켰다. 한국의 경제적인 성장과 국가이미지 향상으로 인해 한국의 관광산업 역시 크게 성장하였다. UNWTO에 따르면 아웃바운드 여행객 측면에서는 한국은 2018년 기준 세계 8위이며, 인바운드 여행객 측면에서는 2019년 기준 세계 25위로 관광 측면에서 무시 못할 국가로 자리매김하였다.

한국 관광산업의 발전, 그리고 한류에 대한 관심과 엔터테인먼트 산업에 대한 기대로 인해 아시아 지역에서 경희대 호텔관광대학으로 유학을 오는 학생들이 크게 증가하고 있다. 또한, 베트남, 우즈베키스탄, 중국, 태국과 같은 해외 지역에서 경희대 호텔관광대학과 학위 교류를 진행하거나 지역에 분교를 세우는 것에 대한 요청이 급증하고 있다.

그동안 이러한 요구에 대해 경희대 호텔관광대학은 소극적인 대처를 보여왔다. 하지만 경희대 호텔관광대학의 국제적 위상의 증가, 그리고 학령인구 감소에 따른 장기적인 학교 성장을 고려할 때 이제는 적극적으로 해외에 멀티캠퍼스 체제를 구축하고 학위 교류를 진행하여 교육 및 연구 측면에 있어서 규모의 경제를 달성하여 아시아 지역에서 교육 및 연구 허브로서 자리매김하고자 한다. 이는 글로벌 네트워크를 구축하려는 경희대 호텔관광대학의 의지이며, 이러한 의지가 성공한다면 세계 최고 수준의 기관으로 명확하게 자리매김할 수 있을 것으로 기대한다.

단기적으로는 해외 거점 지역의 파트너 대학에 대한 인력 파견 및 교류를 통해 거점 지역의 교육에 대한 니즈 및 적합한 커리큘럼을 개발하고, 중장기적으로는 대상 지역에 호텔관광대학 중심의 해외 멀티 캠퍼스를 설립하고자 한다. 사전 조사에서 주요한 거점 지역의 정부와 지방자치단체, 그리고 파트너십을 원하는 학교들이 토지, 인력 및 재정지원에 적극적인 태도를 보여주고 있다. 또한 한국 정부의 공적개발원조(ODA: Official Development Assistance) 사업 측면에서도 해외 멀티 캠퍼스는 적은 비용으로 해당 국가의 발전을 돕는 핵심적인 도구이며, ODA 사업지원은 해외 멀티 캠퍼스를 확장하는 데 큰 도움이 될 것이다. 무엇보다 경희대 호텔관광대학의 시작이 UNDP와 ILO의 공적개발원조를 바탕으로 설립된 학교를 기반으로 하고 있으며, 해외 멀티 캠퍼스를 통한 지속가능성 및 세계발전의 기여는 경희대 호텔관광대학이 가진 사명이기도 하다. 현재 우즈베키스탄, 베트남, 중국, 그리고 태국 등의 대학으로부터 브랜치 캠퍼스 운영 및 공동 교육프로그램 운영 등 다양한 제안들이 접수되고 있으며, 이러한 제안들에 대해 진지하게 검토하고 있다.

온라인 교육을 통한 시공간 제약의 완화는 이러한 네트워크 구축을 좀 더 용이하게 만들고 있다. 온라인 교육을 기반으로 한 학위 프로그램의 경우 한국 내 규제도 완화되었을 뿐만 아니라, 미국의 UCF나 호주의 Griffith University와 같은 세계적인 호텔관광대학들도 앞다투어 학사 및 석사학위를 온라인 교육으로 이수하는 프로그램들을 만들고 홍보하고 있다.

4. 호텔관광을 넘어 엔터테인먼트 및 여가산업 전반으로 범위 확대

호텔관광대학이라는 단과대학의 학문적 기반은 여가학에서 시작되었으며, 여가산업의 변화에 따라 관광에서 호텔, 그리고 스포츠, 테마파크, 외식이나 컨벤션 등 다양한 분야로 교육 및 학문의 범위가 확장되어 왔다. 삶의 질에 대한 추구로 인해 어떠한 활동을 통해 어떠한 경험을 하는가가 중요해지면서 여가산업의 종류가 다양해지고 점점 더 확장되기 시작하였다. 기술과 미디어의 발전으로 인해 온라인 공간으로 생활범위가 확장되면서 직접적인 여행경험에서 얻는 경험뿐만 아니라 메타버스와 같은 온라인 공간에서의 체험과 경험도 중요한 가치를 가지게 되었다. 이에 따라 해외 주요 호텔관광대학은 여가산업에 대한 학문적인 기반을 바탕으로 교육의 외연을 호텔과 관광 뿐만 아니라 테마파크, 경험경영(experience management) 및 엔터테인먼트 경영(entertainment management)으로 확대하고 있다. 이러한 변화에 발맞추어 경희대학교 호텔관광대학도 학문 및 산업분야의 외연을 엔터테인먼트까지 확장할 필요성이 존재한다.

경희대학교도 이러한 조류에 발맞추어 2010년에는 문화관광콘텐츠학과를, 2015년에는 관광대학원에 문화관광엔터테인먼트학과를 신설하여 호텔관광대학의 범위를 확장시켰으나 이러한 확장은 관광을 중심으로 콘텐츠와 엔터테인먼트를 연결하는 관점에서 이루어졌다. 하지만 이제는 엔터테인먼트, 그리고 여가 및 엔터테인먼트가 제공하는 경험 그 자체까지 교육 및 학문의 범위를 확장하여야 한다.

이미 영화, 음악, 게임 등 한류의 확산으로 인해 한국은 산업적으로는 엔터테인먼트산업에서 세계 최고의 수준에 도달하였으나 이러한 산업적 기반을 뒷받침할 교육과 연구가 부재한 상황이다. 특히 한류와 관광 간의 높은 연계, 그리고 한류로 인해 유입되고 있는 외국인 유학생, 한국의 뛰어난 엔터테인먼트 산업기반 등을 고려할 때 경희대 호텔관광대학은 학문 및 산업분야의 외연을 한류 및 엔터테인먼트까지 확장하는 것은 세계적인 호텔관광대학과 경쟁

할 수 있는 차별화라는 측면에서 큰 의미를 가진다. 학문적 관점에서도 여가학에 기반하여 융복합학문을 연계한 관광학의 기반과 호스피탈리티 경영의 기반은 그 어느 학문분야보다 더 밀접하게 엔터테인먼트 경영을 접근할 수 있는 기반을 제공한다. 게다가 국내에서는 아직 엔터테인먼트 및 여가 전반에 관련하여 명확한 교육 브랜드가 부재한 상태이므로 빠르게 교육 및 연구범위를 확대하여 호텔관광 뿐만 아니라 엔터테인먼트 경영 영역에서도 국내 최고 수준, 더 나아가 세계 최고 수준의 교육·연구기관이라는 브랜드를 확보하여야 한다.

5. 학제간 시너지 강화 및 행정 효율성 강화

지난 5~6년간 경희대학교는 단기간에 전임교수들의 은퇴가 계속되는 반면 신임 교원 확보는 충분하게 이루어지지 못하였다. 그 결과 주요 경쟁대학의 수준 이하로 교원 수가 줄어들게 되었으며 이는 교육 및 연구, 행정의 전반적인 측면에서 어려움을 야기하고 있다. 특히 전체 교원의 57%가 보직을 맡고 있는 현 상황은 교육 및 행정 측면에서 큰 개선이 필요함을 역설적으로 보여주고 있다. 무엇보다 분절되어 있는 학과체계는 현재 학부 체계와도 괴리되어 있으며, 빠르게 변화하는 호텔관광 및 여가산업의 환경에도 대응하기 어려운 구조이다.

이에 따라 행정체계 개선을 통해 전임교원들의 과도한 행정업무를 줄이고 연구와 교육이라는 호텔관광대학의 핵심적인 가치에 좀 더 집중할 수 있는 환경을 구축할 필요가 있다. 호텔관광대학은 지난 10여 년 동안 학과통합이 중요한 이슈로 끊임없이 논의되었으나 여러 가지 이유로 좌절되었다. 그러나 급변하는 교육 환경과 대학 내의 분위기를 고려할 때 호텔관광대학 내의 중복과목을 최소화하고 시대의 흐름에 맞는 새로운 교과과정을 도입하기 위해서는 학과간의 벽을 낮추는 것이 필요하다. 이를 통해 행정체계를 효율화하고 이렇게 줄어든 행정 업무로드를 호텔관광대학이 앞으로 집중하여야 할 국제화, 동문 네트워크, 산학협력 등 미래가치영역에 투자하여 호텔관광대학이 성장하는 데 집중하여야 한다. 특히 최근 산업의 변화가 융복합적인 접근을 요구하므로 행정체계 개선은 단순히 행정업무 뿐만 아니라 교육이나 연구 측면에서도 학제간 시너지가 이루어질 수 있도록 진행되어야 한다. 교육 측면에서도 온라인에 기반한 대형 강의와 모듈교육을 통해 전공기초 교육의 효율성을 올리고 산업의 변화에 맞추어 능동적인 교육과정 개선을 진행하여 교육 효율성 제고 및 만족도를 증대시킬 필요가 있다.

III. 경희대 호텔관광대학의 실천방안

1. 교육영역 실천방안

1) 미래지향적 교육과정 운영 및 학생 중심의 교육과정 개편

사회 및 산업, 그리고 환경의 급격한 변화는 교육 측면에서도 변화를 요구하고 있다. 새롭게 변화하는 세상은 전통적인 이론적 접근만으로 해결할 수 있는 영역이 계속 줄어들고 있으며, 이에 대해 경희대학교 호텔관광대학은 적극적으로 대응하여야 한다. 이를 위해서 교육 커리큘럼을 기존의 강의자 중심에서 접근하는 것에서 벗어나, 총괄적인 관점에서 살펴볼 필요가 있다. 초기에는 학과장 및 학과 회의체 중심으로 현재 교육 커리큘럼을 검토하고 시대적 사명으로 요구되는 지속가능성이나 최근 디지털 전환의 관점에서 요구되는 고객 경험 디자인, 데이터 애널리틱스, 빅데이터, 메타버스 등 새롭게 대두되고 있는 분야들이 교육 커리큘럼 내에 반영이 될 수 있도록 수정하여야 한다. 중장기적으로는 세계적인 호텔관광대학과 같이 교육 커리큘럼을 전담하는 교육 부학장 제도를 도입하여 전체 단과대학의 교육체계가 일관된 구조를 가지고 학생들이 미래에 대응할 수 있도록 행정 및 교육과정을 개선하여야 한다.

교육과정에 있어서 또 하나 주목해야 하는 것은 창업 교육이다. 호텔관광 분야는 개인 사업자가 다수 존재하며 소자본 창업 또한 활발한 산업 분야 중 하나이다. 또한 급변하는 기술 환경, 인력 대체 현상 등을 고려할 때 새롭고 다양한 창업의 기회가 존재하는 영역이다. 현재 이러한 산업적 기회에 대응하여 기업가 정신을 함양할 수 있도록 일부 캡스톤 디자인 과목이 창업이나 신사업에 중점을 두어 운영되고 있으나 정규 창업 과정은 아닌 상황이다. 이에 따라 창업 분야를 강화할 필요가 있다. 특히 대학 전체에 창업 관련 자원들이 다양하게 존재하므로 이러한 자원들을 연결하여 학생들이 기업가 정신을 키우고 창업에 대한 기본적인 교육을 할 수 있는 기반을 제공하여야 한다.

해외 주요 호텔관광대학은 학년별로 수업들이 체계적으로 연계가 되어 있으며, 학년별 수업 목표에 맞추어 수업이 난이도별로 배열이 되어 있다. 하지만 현재 경희대 호텔관광대학의 수업구조는 학생들의 수준별 목표라는 목적에 맞추어서 만들어지기보다는 임의적으로 구성된 부분들이 상당히 많고, 과거의 레거시에 기반한 부분이 많다. 교육 서비스의 품질 향상이라는 관점에서 학년별 수업구조에 대한 개편이 필요하다.

또한 이러한 수업 커리큘럼을 재검토하는 과정에서 대학원 과목 일부를 학부 4학년 수업과목으로 연계하는 것도 고려할 필요가 있다. 더욱 더 전문화된 과목에 대한 경험은 학부 학생들의 대학원 진학 유도와 동시에 대학원생들과의 네트워크 활성화를 통해 지속적으로 산학협력 연계를 할 수 있는 발판을 만들 수 있을 것으로 기대한다.

2) 취업률 제고 및 산업 변화에 대응하기 위한 실무교육 강화

경희대학교 호텔관광대학이 국내 1위라는 브랜드와는 달리 실제 산업에서는 점차 위상이 흔들리고 있는데, 가장 큰 이유는 산업과의 연계성이 부족하기 때문이다. 우리 대학이 호텔관광분야의 리더를 양성하는 것이 목표라고는 하지만 경영자가 되기 위해서도 운영 차원에서 일어나는 경험을 하는 것이 중요하다. 이는 호텔관광대학 졸업생의 정체성을 부여한다는 의미도 있다. 미국 Cornell University나 University of Houston, 그리고 The Hong Kong Polytechinc University의 경우 학교에서 직접 운영하는 호텔이 있어 교육과 실습이 병행되고 있다. Cornell의 경우 매년 2주간 학생들이 역할을 분담하여 호텔을 전면 운영하는 Hotel Ezra Cornell을 학부의 주요행사로 운영하고 있다.

우리 학생들의 경우 인턴십이 체계적으로 이루어지고 있으나, 일부 프로그램의 경우는 기대에 못 미치는 경우도 있어서, 오히려 인턴십 이후 업계에 대한 관심도가 부정적으로 변화하는 경우가 발생하고 있다. 특히, 인턴십이 4학년때 이루어져서 관리자의 역할을 기대하던 학생들에게 기대 불일치를 발생시키는 경우가 많다. 따라서, 인턴십은 2학년 정도의 저학년에서 실무교육을 받은 이후 경험하도록 구성하는 것이 바람직해 보인다.

중장기적으로는 경희대가 건립하고 직접 운영하는 호텔을 통해 학생들이 단계별로 인턴십을 통해 다양한 역할을 경험하고 이를 기반으로 산업의 리더로 성장할 수 있도록 도와야 한다. 내부 운영을 통해 체계적인 인턴십 커리큘럼이 학생들에게 제시된다면, 이는 학생들의 산업에 대한 자긍심을 높이고 열정적인 인재로 성장할 수 있는 기회를 제공할 것이다.

또한 호텔관광분야가 갖는 산업적 특성을 고려할 때 외부 산업과의 연계가 매우 중요하며, 이를 위해 산학협력중점 교수를 채용하고 이를 통해 산업 연계 프로그램 활성화 및 타대학 전공과정과 차별화된 인턴십 및 취업 기회를 모색할 필요가 있다.

3) 커뮤니케이션 개선을 통한 호텔관광대학 자긍심 고취

호텔관광대학 학생들과의 면담, 그리고 인터넷 상에서 호텔관광대학 학생들의 고민들을 살펴보면 호텔관광분야에 대한 불안감, 취업과 미래에 대한 두려움이 크게 나타나고 있다. 그러나 이러한 불안감과 두려움의 상당수는 정보의 부족에서 나타난다. 특히 과중한 업무로 인해 교수와 학생과 커뮤니케이션의 감소, 학교와 학생들과 커뮤니케이션의 부족, 재학생과 졸업생간의 커뮤니케이션 기회의 부족 등은 학생들이 호텔관광대학을 통해 얻을 수 있는 잠재력을 과소평가하게 만들고 장기적인 관점에서 도전할 수 있는 열정을 식게 만든다.

이에 따라 학내 커뮤니케이션 전반에 걸친 개선작업을 진행하고, 이를 기반으로 호텔관광대학에 대한 자긍심을 고취하고자 한다. 가장 먼저 선행되어야 할 것은 바로 홈페이지를 통한 커뮤니케이션이다. 경희대 호텔관광대학의 홈페이지는 외부와 소통하는 1차적인 관문일 뿐만 아니라 학생들이 핵심적인 정보를 찾기 위해 지속적으로 방문하는 곳이기도 하다. 그런데 현재의 홈페이지는 구축한 지 상당한 시간이 지났음에도 개선이 이루어지지 않아 최신정보가 전달되지 않을 뿐 아니라, 홈페이지를 방문하는 사람들의 핵심적인 목적을 달성할 수 있도록 사이트가 직관적으로 구성되어 있지도 않다. 무엇보다 단과대학 내부에도 학부 뿐만 아니라 대학원, 특수대학원, 일반대학원 등 여러 홈페이지가 존재하는데, 서로 간 연계도 약하고 일관성도 결여되어 있다. 홈페이지에서 학생들에게 전달되는 메시지도 학사행정 위주의 건조한 커뮤니케이션 중심으로만 이루어지고 있다.

홈페이지를 방문하는 사람들이 원하는 정보를 빠르고 정확하게 알 수 있도록, 또한 방문하는 사람들이 경희대학교 호텔관광대학이 가지고 있는 자부심과 열정을 느낄 수 있도록 홈페이지가 개선되어야 한다. 무엇보다 홈페이지는 정적인 공간이 아닌 동적인 공간으로 역할을 해야 하며 홈페이지를 통해 학사행정 뿐만 아니라 재학생들의 의미 있는 성과, 졸업한 동문의 성과, 학교 및 교수들이 이룬 성과들을 꾸준하게 전달될 수 있도록 하여야 한다.

이를 위해서는 과거에 경희대 호텔관광대학 내 소식을 전달하였던 소식지 HOTSPOT과 호텔관광대학 내 기자단을 다시 부활시키고 활성화할 필요가 있다. 또한 책자를 중심으로 커뮤니케이션하던 방식을 넘어 홈페이지와 SNS, 메일링리스트 등 다방면으로 커뮤니케이션을 주도하는 조직을 신설하여야 한다.

그동안 HOTSPOT은 교수, 졸업생, 재학생과 신입생, 유학생 등의 동향과 뉴스를 전달하고, 학교에서 진행된 의미 있는 행사 및 학교의 주요 계획을 정리하여 학생들과 졸업생, 그리고 교수들에게 정보를 전달하는 가교 역할을 하였다. 또한, 한글판과 영문판을 모두 만들어서 국내 뿐만 아니라 해외에도 정보를 전달하는 역할을 수행하였다. 다만 이 전달방식이 주로 오프라인 매체로 이루어졌기에 정보의 확산에 한계가 있었다. 김철원 학장님이 재임시절에 HOTSPOT을 창간하고 당시 부학장이던 성백환 교수님이 초대 HOTSPOT 편집장을 맡으며 기자단 및 조직을 운영하였다. 이승재 교수 및 벤들 교수 등이 헌신적으로 기여하였으나 지속적으로 운영되지 못하고 폐간되었다.

HOTSPOT 폐간의 사례를 볼 때, 단순히 특정한 교수의 애정과 헌신으로만 학내 커뮤니케이션 조직을 운영하는 것은 명확한 한계가 존재한다. HOTSPOT 편집 및 운영은 상당한 시간과 노력을 요구하는 만큼, 공식적인 학내 조직체를 구성하고 지속적으로 커뮤니케이션을 진행할 수 있는 체계를 구축해야 한다. 이러한 커뮤니케이션은 오프라인 뿐만 아니라 홈페이지, 인스타그램, 페이스북 등 다양한 경로를 통해 진행되어야 한다.

매체를 통한 커뮤니케이션 뿐만 아니라 직접적인 커뮤니케이션도 좀 더 조직적으로 운영하여 커뮤니케이션을 활성화하여야 한다. 학생과 교수간의 커뮤니케이션은 현재 학생상담 프로그램을 통해 진행하고 있으나, 학생과 교수의 자발성에 의존하다 보니 실제 상담실적은 저조한 편이다. 서울대 공과대학과 The Hong Kong Polytechinc University의 경우 학생면담 주간을 운영하여 교수와 학생들이 만날 수 있는 프로그램을 운영하고 있으며, 서울대 공과대학의 경우 학생 면담 주간 때 반강제적으로 학생과 교수간 면담을 알선하고 있다. 이러한 프로그램을 통해 학생과 교수 간 면담의 경험을 부여하고 이를 통해 학생과 교수간의 심리적 거리를 줄이는 방법도 모색하여야 한다. 학내 공모전도 주제별로 활성화하고, 학부 학생들이 교수들의 연구에 참여할수 있는 기회도 제공하여 학부학생들이 자신감과 성취감을 얻을수 있는 기회를 제공하여야 한다.

무엇보다 학부생들은 현업에 자리 잡은 졸업생과의 네트워크와 원활한 소통을 필요로하고 있다. 그동안 이러한 소통은 학생회가 주도하는 행사를 통해 이루어졌으나, 학생들의 네트워크에 한계가 있는 만큼 단과대학 차원에서 행사를 운영해야 한다. 해외 주요 호텔관광대학은 1년에 한번씩 졸업생, 재학생, 교수들이 함께 만날 수 있는 네트워크 데이 이벤트를 열어, 졸업생과 재학생 뿐만 아니라 졸업생 간에서도 서로 지속적인 커뮤니케이션을 할 수 있는 자리를 만들고 있다. 경희대 호텔관광대학도 이러한 행사를 정례화 함으로서 호텔관광대학의 자긍심을 높이고 학생들에게 견실한 미래를 설계할수 있는 기회를 제공해야 한다.

4) 균형잡힌 교수 충원

호텔관광대학의 현재에서도 밝힌 바와 같이 현재 경희대 호텔관광대학의 전임교수는 1인당 학생 80명 이상을 전담하여야 하는 구조로서 유사한 다른 경쟁대학 대비 적게는 50% 이상, 크게는 5배 이상 전임교수의 교육에 대한 부담이 큰 상황이다. 뿐만 아니라 대부분의 교수가 정교수로 구성되어 있으며, 부교수보다 조교수가 더 적은 역삼각형 구조는 호텔관광대학이 미래 지향적인 활동을 하기 어려운 상황임을 보여주고 있다.

호텔관광대학이 지속가능하게 발전하기 위해서는 지속적으로 신진교수가 유입되며 조교수, 부교수, 정교수의 비율이 비슷하게 유지되는 것이 바람직하며, 주요 호텔관광대학들은 이러한 이상적인 전임교수 비율로 구성되어 있다. 특히 새로운 방법론과 다양한 학문적 바탕을 두고 있는 신진 학자들의 유입은 빠르게 변화하고 있는 관광산업에 있어서 경희대 호텔관광대학이 중심적인 역할을 계속 이어가게 하는 핵심적인 촉매 역할을 할 것이다.

무엇보다 경희대 호텔관광대학이 비상하기 위해서는 더욱 더 많은 인재가 필요한 상황이다. 이미 다양한 국가로부터 경희대 호텔관광대학의 해외 멀티 캠퍼스를 열어달라는 요청들이 들어오고 있으나 이러한 국가에 파견을 내보낼 전임교원이 부족한 상황이다. 가장 보수적인 관점에서 접근한다 하더라도 하나의 해외 멀티 캠퍼스가 경희대라는 이름을 걸고 정상적으로 운영되기 위해서는 최소 3명 이상의 전임교원이 필요한 상황이다. 현재 이러한 해외 멀티 캠퍼스에 대한 요청이 여러 국가에서 들어오고 있으나 인력 부족으로 기회를 잡지 못하고 있다.

경희대의 국제적인 명성의 증가, 그리고 한류의 확대로 인해 해외 호텔관광대학들은 경희대학교와 2+2 연계 프로그램을 함께 운영하고 싶다는 요청을 하고 있으며, 경희대학교 석사학위와 연계되는 프로그램에 대한 수요 역시 증가하고 있는 상황이다. 온라인 교육에 대한 규제개선은 온라인 교육을 통한 추가적인 국내 및 해외 학위 프로그램 개발 및 직장인 재교육 프로그램 등의 새로운 형태의 교육 서비스에 대한 기회를 만들어내고 있다. 이러한 수많은 기회들이 존재함에도 불구하고 현재 재학생들을 가르치기도 벅찬 전임교수 상황은 경희대 호텔관광대학의 성장에 큰 제약 요인이다. 단과대학 내 호텔, 레스토랑 및 컨벤션 센터의 신설 및 이에 기반한 현장실습 프로그램 또한 기업의 실습교육 및 전문가에 대한 재교육, 그리고 평생교육 관점에서 새로운 기회를 만들고 있으나 전문인력의 부족은 이러한 기회를 현실화하는 데 있어 가장 큰 장벽으로 작용하고 있다.

경희대 호텔관광대학이 세계적인 수준의 기관으로 자리매김하려면 이에 걸맞는 교육 서비스의 질을 유지해야 한다. 교육서비스의 질을 유지하기 위해서는 무엇보다 전임교수 확보가 중요하다. 해외 멀티 캠퍼스와 국내외 온라인 교육 프로그램 확장까지 고려할 때 경희대 호텔관광대학에 필요한 적정한 전임교수 수는 최소 65명으로 추정된다. 뛰어난 인력의 확보는 단기간에 이루어질 수 없으므로 지금부터 전임교수 충원에 총력을 다해야 할 것이다.

5) 교육 환경 및 조직문화 개선

경희대 호텔관광대학은 본관 7층 건물과 별관 4층 건물 두 개의 건물을 기반으로 수업 및 실습을 진행하고 있다. 하지만 재학생수가 3,200여명이 넘어가게 되며 학생 수에 비해 공간이 부족해진 상황이다. 학생들의 학습을 위한 열람실, 교강사의 수업 준비를 위한 강의 준비실, 대학원생의 연구를 위한 공간, 단과대학 커뮤니케이션 센터 등이 시급하게 요구되고 있는 상황이다. 지하에 위치한 실습실도 공간의 재배치가 필요하며 온라인 교육을 위한 강의공간도 확대가 필요한 상황이다.

이를 위해서는 기존에 있는 공간을 효율적으로 운영하기 위한 공간 조정이 필요하다. 무엇보다 현재 본관과 별관은 분리되어 있을 뿐만 아니라, 별관은 엘리베이터가 설치되어 있지 않아 접근성에 한계가 있는 상황이다. 호텔관광대학의 숙원 사업 중 하나인 본관과 별관을 이어주는 연결다리가 설치된다면 현재 접근성으로 인해 잘 활용되지 못하고 있는 별관의 공간효율을 증대시키고 학생들의 수업권도 보장할 수 있다. 기존에 있는 실습공간도 만든 지 오래되어 장비 및 시설이 노후되어서 원활한 실습을 저해하고 있으며, 이에 대한 개선도 시급한 상황이다.

이러한 환경 개선으로 소요되는 예산 규모가 크기 때문에 학교 예산만으로 진행하는 데에는 한계가 있다. 그러므로 구성원이 협력하여 기업들의 기부 및 지원을 적극적으로 유치하고, 동문들의 자발적인 지원 등을 통해 세계 최고 수준의 호텔관광대학에 걸맞는 환경을 구축해야 할 것이다.

물리적인 환경 구축도 중요하지만 조직문화의 개선도 중요하다. 무엇보다 우리는 칭찬에 인색한 문화에서 벗어나 교수와 학생 모두의 성과를 존중하고 칭찬하는 문화로 변화하여야 한다. 그동안 우리의 성과에 대한 태도는 부족한 부분에 대한 질책 및 개선에 집중하고 있었다. 학생들이 의미 있는 성과를 내었을 때 칭찬을 하는 경우보다 학생들이 성과에 미달하였을 때 이에 대해 대응하는 경우가 더 많았으며, 교수들의 성과도 우수한 성과에 대한 칭찬과 존중보다는 부족한 성과를 내었을 때 이에 대한 개선을 요구하는 경우가 더 많았다. 이러한 조직 문화는 지속적으로 더 성과를 낼 수 있는 동기부여에 부정적이다. 이제 호텔관광대학의 조직 문화도 부족한 부분에 대한 질책보다 우수한 부분에 대한 존중 및 칭찬을 하는 형태로 변화하여야 한다. 우수한 성취를 낸 교수와 학생들에 대해 정기적으로 시상의 형태를 통해 존중을 표하고, 이를 널리 알려서 인정받을 수 있도록 하여야 한다.

2. 연구 실천방안

1) 정량적 목표를 기반으로 한 연구 역량 강화 로드맵 구축

현재 경희대 호텔관광대학은 경희대학교 사회과학 계열 중 양적으로나 질적으로 가장 뛰어난 성과를 보이는 단과대학이며, 국내 주요 사회과학 계열 대학과 비교해서도 매우 우수한 성과를 보이고 있다. 국제적으로는 상하이 랭킹 Hospitality & Tourism 분야에서 2018년 8위에 랭크되었으며, 현재까지 지속적으로 연구 측면에서 세계적으로 인정받는 성과를 보이고 있다. 연구뿐만 아니라 학계 및 산업계 평판까지 고려하는 QS 랭킹은 Hospitality & Leisure Management 분야에서 2020년 세계 35위권의 위상을 확보한 바 있다.

하지만 경희대는 이 이상의 연구성과를 달성하고자 하며, 상하이 랭킹은 세계 5위, QS 랭킹은 10위의 성과를 만들어 내고자 한다. 상하이 랭킹은 연구 실적이 많은 것이 중요한 것이 아니라 상위 25% 이내 또는 그 분야 최고의 저널들에 논문 실적이 얼마나 많은지, 연구자들이 만들어낸 성과들이 얼마나 인용이 많이 되는지를 중점적으로 평가한다. 즉, 이제 기존의 양적 중심의 학술평가에서 벗어나 연구의 질적 수준을 강화하는 방향으로 나아가야 한다는 것을 의미한다.

그동안의 연구성과 향상을 위한 학교의 접근은 연구성과가 낮을 경우 승진이나 재임용, 연구년 등에 불이익을 주는 네가티브 방식으로 이루어졌으며, 이러한 방식으로는 질적 향상을 기대할 수 없다. 연구의 질적 향상은 어느 이상의 질적 성과를 만들어 내는 연구자들에 대한 존중을 표시하고, 질적으로 뛰어난 연구성과를 만들어낼 수 있는 연구자들이 더 많은 연구성과를 낼 수 있도록 자원을 집중하는 방식으로 이루어져야 한다. 현재 연구성과에 대해서 금전적 인센티브를 제공하고 있으나, 사실 이러한 인센티브는 연구를 위해 연구자가 투입한 자원을 보전하는 수준에 그치고 있으며 질적으로 뛰어난 연구를 만들어 내는데는 큰 역할을 하지는 못한다.

질적으로 우수한 연구성과를 만들어 내는 연구자들에게는 언제나 우수한 인적자원이 부족한 상황이다. 상위 25% 이내의 우수한 연구를 지속적으로 창출하는 연구자들에게는 더 많은 성과를 만들어 낼 수 있도록 박사급의 리서치 펠로우를 지원하여 연구 속도를 빠르게 하고 더 많은 연구를 진행할 수 있도록 지원하여야 한다. 이러한 리서치 펠로우 지원은 단순히 뛰어난 연구자의 성과를 늘리는 효과뿐만 아니라, 리서치 펠로우의 성장을 바탕으로 더욱 더 우수한 연구인력을 양성하는 효과도 존재한다.

경희대 호텔관광대학의 연구자들은 전반적으로 높은 성과를 보이고 있으나 현재 이러한 성과를 꾸준히 낼 수 있는 지원은 없는 상황이다. 기존에 존재하던 연구업무 보조 조교도 예산상의 문제로 사라졌으며, 연구를 돕는 조교에 대한 재정적 지원과 연구 진행을 위한 자원 확보를 위해 교수들은 많은 시간을 소모하고 있다. 교수들이 연구에 충실할 수 있도록 기본적인 연구지원에 대해 투자가 진행되어야 한다. 내부적으로는 뛰어난 연구자들의 성과를 공유하고 연구자들이 서로 선의의 경쟁을 통해 뛰어난 연구성과에 대한 동기부여를 지속할 수 있도록 지원하여야 한다.

2) 단계별 연구인력 양성 체계 확립

연구중심대학으로 자리매김을 하기 위해서는 전임교원들이 우수한 연구성과를 내는 것도 중요하지만, 뛰어난 학생들이 대학원에 입학하여 연구자로 성장하는 선순환구조가 확립되어야 한다. 이미 경희대 호텔관광대학은 규모의 측면에서 대학원이 크게 성장한 바 있으며, 이제는 양적이 아닌 질적인 측면에서 대학원을 성장시켜야 한다.

대학원 진학 측면에서 더 우수한 인재를 모집할 수 있도록 홍보와 커뮤니케이션을 진행하여야 한다. 많은 연구중심대학이 Open Lab과 같은 행사를 통해 교수 및 교수가 운영하는 연구실이 어떠한 연구를 어떻게 진행하고 있는지, 그리고 이러한 연구가 어떻게 사회에 기여하고 있는지에 대해 학생 및 사회에 선보이고, 재학생들의 진학을 독려하고 있다. 경희대 호텔관광대학도 이러한 행사의 전통을 새로 만들어 학생들과 사회에 경희대 호텔관광대학의 성과를 공유하고 우수한 인재를 유치하기 위해 좀 더 적극적으로 나서야 한다.

ODA 프로그램, NIIED 국가 장학 프로그램 등을 활용하여 우수한 외국인 학생들이 유입될 수 있도록 해야 한다. 관광산업은 효과적으로 설계된다면 환경 및 지역 사회의 영향을 최소화하고 높은 경제적 성과를 창출하여 지속가능한 국가의 성장을 만들어 낼 수 있다. 이러한 성장을 만들어낼 수 있는 인재를 육성하여 확산시킴을 통해 경희대가 추구하는 "문화세계의 창조"라는 궁극적인 이상을 연구를 통해 실천할 수 있다. 우수한 외국인 연구자들의 육성을 통해 경희대 호텔관광대학이 추구하는 국제화 네트워크를 구축하고, 이러한 국제화에 필요한 인재를 육성하는 선순환 구조를 만들어 낼 수 있다.

이렇게 유치한 인재 중 탁월한 인재들에 대해서는 석사, 박사 및 박사 후 과정 등 성장단계 전반에 걸쳐 파격적인 지원을 시행하여야 한다. 현재 학교에서 제공하는 장학 프로그램은 외국인에 좀 더 집중되어 있어서 뛰어난 내국인 학생들이 상대적으로 박탈감을 느끼고 있는 편이다. 뛰어난 성과를 보이는 학생들에게 장학지원을 넓히고 국제적인 역량을 키울 수 있도록 지원하여야 한다. 외국어 및 영어 논문 작성 역량은 현재 각 전임교수들이 도제식으로 학생들에게 가르치고 있으나 이러한 접근은 비효율적이며, 이미 학교 내에 우수한 교육기관들이 존재하고 있음에도 활용이 이루어지고 있지 못하다. 해외 논문을 쓰고자 하는 대학원생들이 빠르게 국제화 역량을 갖출 수 있도록 체계적인 지원이 필요하다. 박사과정 중에는 국내외 연구기관 연수 기회 확대를 통해 박사과정 학생들이 실천적인 과제의 발굴을 익히고, 이러한 과정에서 얻게 되는 인적 네트워크를 통해 졸업 후 커리어를 관리할 수 있는 기회를 제공하여야 한다. 또한 학내 연구 박사 및 학술연구교수와 같은 박사후 과정을 확대하여서 박사과정을 졸업한 학생들이 연구자로서 자립할 수 있도록 최소 2년 이상의 연구 및 강의실적을 쌓을수 있는 기회를 제공하여야 한다. 필요하다면 해외 대학과 박사후과정을 매칭하거나 교류함으로서 기회의 범위를 확대하여 대학원에 진학하는 학생들이 경희대는 연구자들에게 기회를 제공하는 곳이라는 인식을 명확하게 제공하여야 한다.

3) 우수한 인재를 유치할 수 있도록 교원 인사 프로세스 개선

연구역량을 키우기 위해서는 우수한 인재를 확보하는 것도 중요하지만, 이러한 인재를 확보할 수 있는 교원 인사 프로세스도 뒷받침이 되어야 한다. 현재 경희대의 신규 교원 인사 프로세스는 느린 것으로 정평이 나 있어 학계에 악명이 높다. 9월 1일 임용을 목표로

한 신규 교원이 11월에 임용되는 경우도 있으며, 개강 바로 전에 신규 교원이 확정되거나, 또는 신규 교원을 뽑을 수 없다고 갑자기 연락이 와서 급하게 대체 강사를 구하는 일도 빈번하게 발생하고 있다. 무엇보다 교원으로 지원한 학자와 커뮤니케이션이 제대로 이루어지지 않고 있으며, 이러한 서비스는 결국 그동안 단과대학에서 쌓아놓았던 학계의 평판 및 브랜드를 하락시키는 요인으로 작용하고 있다. 사전에 명확한 일정을 채용지원자에게 고지하고 각 단계별로 진행이 이루어질 때마다 빠르게 지원자에게 정보를 공유하는 서비스 마인드가 절실한 상황이며, 이러한 서비스가 이루어질 수 있도록 교원 인사 프로세스 개편이 시급하다.

특히 호텔관광대학의 경우 향후 5년간 우수한 교수를 빠르게 확보하는 것이 매우 중요한다. 이에 따라 채용 프로세스에서 단과대학 인사위원회 및 단과대학 학장의 역할을 강화하여 성장전략을 실천할 수 있도록 인사 프로세스를 개선해야 한다.

3. 산학협력 실천방안

1) 호텔관광대학만의 차별화되고 전문화된 현장실습 및 산학협력 시스템 운영

호텔관광대학은 태생적으로 뛰어난 인력을 산업에 제공하는 실천적인 대학이다. 관광분야 학문의 질이 높아져서 연구 및 이론의 중요성이 증가함에도 불구하고 이러한 실천적인 학풍은 유지되고 있다. 세계적인 호텔관광대학들은 학생들에게 실무경험을 요구하고 있으며, 이러한 실무경험을 쌓을 수 있도록 학교 내 호텔이나 산학협력을 통한 제휴 기업들을 통해 체계적인 현장실습 및 실무교육을 진행하고 있다. 이러한 과정에서 기업의 대학에 대한 평판이 증가하고, 졸업생에 대한 산업의 위상이 증가하여 명문대로서 자리 매김을 한다.

경희대 호텔관광대학이 세계적인 대학으로 자리매김하기 위해서는 이러한 실천적 학풍을 부활시키고 이를 연구 및 이론과 연계시켜야 한다. 특히 새로운 기술변화에 능동적으로 대응하여 빠르게 변화하는 관광산업과 ICT 부분에서 뛰어난 역량을 보유한 한국의 산업기반, 그리고 기술 수용에 적극적인 한국의 소비자들은 경희대학교뿐만 아니라 한국의 호텔관광대학이 세계적인 호텔관광대학으로서 연구 및 산업을 이끌어갈 수 있는 기반을 제공하고 있다.

주요 경쟁대학을 살펴보면 산업에 경험이 많은 전임교수가 산학협력 전담교수 또는 산학협력 부학장으로서 호텔관광분야의 현장실습 및 산학협력 전반을 이끌어가고 있다. 한국 노동법의 변화로 인해 전통적인 호텔 현장실습의 연계가 힘들어진 현재, 경희대 호텔관광대학의 현장실습은 경희대가 학교 전체를 위해 구축한 현장실습 프로그램 체계하에서 운영되고 있다. 이 프로그램은 온라인 시스템을 통해 학생들이 자신이 현장실습을 하고 싶은 기업을 쉽고 빠르게 지원할 수 있으며, 기업의 경우 한국의 법적 체계가 요구하는 현장실습 기준을 확인하고 관련된 서류작업을 온라인을 통해 쉽게 할 수 있으며, 학교 및 담당 교수는 학생의 현장실습 진행상황을 확인하고 잘 관리할 수 있게 구성되어 있다. 이러한 시스템 하에 산학협력 전담 교수 및 담당 직원이 추가적으로 호텔관광대학만의 취·창업 관련 제도, 공간, 예산, 조직 등을 체계적으로 구성하고 기존 시스템에 통합한다면 그 어느 대학보다 전문화되고 차별화된 체계를 구축할 수 있을 것이다.

특히 현재의 현장실습 프로그램은 기업이 자발적으로 학생의 현장실습을 요청하는 형태로 되어 있어서 참가하는 기업들이 한정되어 있는 편이다. 호텔관광대학은 적극적으로 기업들을 현장실습에 참여할 수 있도록 유치할 뿐만 아니라, 원하는 학생과 기업을 적극적으로 매칭하고 연결시켜 줄 수 있는 창구 역할을 해야 한다. 이를 통해 학생들이 졸업요건이나 학점이수를 달성하기 위해 현장실습을 진행하는 것이 아니라, 진로 및 취업에 실질적인 도움을 얻기 위해 현장실습에 참여하게 만들어야 한다.

또한 많은 경우 기업들이 학생들을 교육시키면서 현장실습을 진행하는 것에 익숙하지 않기 때문에 현장실습의 상당 부분이 단순한 서비스 업무로 제한되는 경우가 많다. 전담 조직을 통해 기업들이 현장실습을 통해 얻고 싶은 바와 학생들이 원하는 바를 명확하게 분석하고, 이에 맞추어 기업의 현장실습 프로그램을 함께 설계하여 현장실습의 만족도를 높이고 지속적인 현장실습이 이루어질 수 있도록 하여야 한다. 이와 함께 사전교육, 만족도 조사, 사후관리, 실습 기업 선장 기준 등 현장실습 프로세스에 대한 현실적인 매뉴얼을 구성하고 운영하여야 한다.

중장기적으로는 호텔관광대학 내 현장실습이 가능한 시설을 구축하고 이러한 시설을 기반으로 학생들이 체계적으로 현장실습을 받을 수 있도록 해야 한다. 기업은 현장실습보다는 기업의 수익 및 업무효율을 더 중요하게 여기기 때문에 학생들이 경험할 수 있는 현장 업무가 제한되어 있다. 대학 내 학교가 주도적으로 운영하는 호텔, 레스토랑 및 컨벤션 센터는 학생들에게 고급 실무경험을 제공할 뿐만 아니라, 학교 및 전공에 대해 자긍심을 가지고 산업의 인재로서 성장할수 있는 기회를 제공할 것이다.

2) 산업 변화를 적절하게 반영할 수 있는 정기적 채널 구축

경희대 호텔관광대학은 국내 1위 브랜드를 기반으로 다양한 기업과 산학협력을 진행해오고 있다. 많은 경우 이러한 산학협력 및 기업과의 네트워크는 호텔관광대학이 아니라 관련한 교수들의 네트워크 및 역량에 의해 운영되고 있다. 교수 개인의 역량에 기반한 체계는 대상 교수가 퇴임하거나 이러한 네트워크에 대한 열정이 줄어들게 되면 단절된다는 한계를 가지며, 이로 인해 훌륭한 산학협력 프로그램을 구축하였음에도 불구하고 중단되는 사례들이 빈

번하게 나타나고 있다.

산학협력에 있어서는 교수 개개인의 역할도 중요하지만, 단과대학 차원에서 지속적인 산학협력이 이루어질 수 있는 체계를 구축하는 것도 중요하다. 이를 위해서는 교수들과 주요 기업의 CEO들이 정기적으로 만날 수 있도록 조찬모임이나 세미나를 운영하여 협력체계를 공고화하여야 한다. 이러한 정기적 채널을 통해 학교는 산업의 변화를 연구 및 교육에 적절하게 반영하고, 기업은 새로운 연구 결과들을 현업에 적용할 수 있는 기회를 얻을 수 있어야 한다.

산학협력 네트워크는 단순히 교수와 기업을 연결하는 것으로 끝나서는 안된다. 학생들과 기업 관계자들이 함께 할 수 있는 네트워킹 데이를 만들어 학생들에게 취업 및 인턴십 기회를 확대하고, 산업에 대한 이해를 향상시킬 수 있도록 하여야 한다. 또한 대학원생을 대상으로 산업 리더 초청 간담회를 활성화하여 대학원의 연구가 늘 실천적인 학풍을 잃지 않도록 하여야 한다.

3) 창업을 위한 인프라 마련 및 창업자/벤처기업을 위한 교육/지원체계 구축

최근 정부에서는 청년 창업을 장려하고 있으며, 청년 창업을 위한 다양한 정책 및 지원책을 만들고 있다. 이러한 추세에 발맞추어 창업관련 교과목 및 비교과 활동에 대한 교육계의 관심이 증가하고 있다. 경희대도 창업보육센터를 1999년에 설립하고 다양한 공모전을 통해 학생들이 창업에 관심을 가지게 만들며, 창업과 관련된 교육과 서비스 지원, 공간 지원 등을 지속적으로 해오고 있다.

하지만 이러한 지원은 특정한 산업이 아닌 보편적인 산업에 대해 이루어지고 있으므로, 관광산업에 특화된 창업지원 프로그램 구축 및 운영이 필요하다. 2021년에도 경희대에서 두 개의 학생팀이 중소벤처기업부가 운영하는 창업 자금 지원 프로그램에 선정되어 창업을 진행하고 있으며, 이러한 창업은 꾸준하게 이루어지고 있다. 이러한 학생들에 대한 지원은 교수 개인의 차원에서 이루어지고는 있었으나 점점 창업하는 학생들이 증가하면서 개인의 영역에서는 감당하기 어려운 상황에 이르고 있다.

이러한 학생들이 뛰어난 아이디어를 가지고 성공할 수 있도록 단과대학 차원에서 지원을 해주어야 한다. 창업에 있어서 필요한 부분은 다양하지만 교수 개개인이 가지고 있는 전문성은 한정되어 있다. 따라서 창업을 꿈꾸는 학생들의 부족한 부분과 단과대학 내의 전문적 지식 및 역량을 연결시키는 작업을 호텔관광대학이 수행하여야 한다. 또한 호텔관광대학 내 예비 창업자를 위한 다양한 지원책을 통해 학생들이 성장할 수 있도록 도와야 한다.

단순히 학생들의 창업을 돕는 것을 넘어서 창업 이후에도 창업자 및 벤처기업을 도울 수 있는 체계를 구축하여야 한다. 관광산업은 무형자산에 기반한 서비스 산업이라는 독특한 특성을 가지고 있기 때문에 일반적인 창업지원 프로그램으로는 지원에 한계가 있으며, 기업의 지속적인 성장을 위해서는 산업을 이해하고 있는 전문가의 도움이 계속 이루어져야 한다. 특히 최근에는 관광산업에서 기술의 중요성이 커지면서 기술과 관광산업을 모두 이해하고 있는 전문성이 기업의 성장에 있어서 필수적인 요인으로 자리잡았으나 이러한 전문가를 창업자나 벤처기업이 확보하기는 매우 어려운 상황이다. 경희대 호텔관광대학은 학교가 보유한 전문성 및 인력, 그리고 노우하우를 통해 신규 창업자와 벤처기업의 성장을 돕고 관광산업에서 새로운 기업들이 성장하는 데 있어서 필수적인 핵심자원 중 하나로서 생태계 내에 자리매김하여야 한다.

4. 국제화 실천방안

1) 영어전용 학부 운영 및 국제화 커리큘럼 확대

현재 호텔관광대학의 유학생들 중 상당수는 중국 유학생들이며, 이들은 내국인 대상 수업을 한국어로 수학하며 배우고 있다. 최근 유학생들의 국적이 중국뿐만 아니라 베트남, 몽골, 일본, 러시아 등 다양해지고 있고, 세계대학평가 국제화 부분에서 높은 평가를 받고 있다. 앞으로도 지속적으로 좋은 평가를 받기 위해서는 세계대학평가에서 영향력이 높은 영어권 학생들이 입학할 수 있도록 '영어 전용 트랙'을 만들어서 운영할 필요가 있다. 최근 한국을 찾는 유학생들이 크게 증가한 배경에는 한류가 있으므로 한류를 포괄하는 연구 및 교육 커리큘럼이 필요하다. 현재 내부적으로는 한류, 콘텐츠, 엔터테인먼트 등 외국인 학생들의 관심이 높은 교육 및 연구 커리큘럼이 운영되고 있으나 대부분 국제화 커리큘럼과 연계되어 있지 못하고 내국인을 대상으로 진행되고 있다. 외국인 학생들의 수요가 높은 과목들을 기반으로 커리큘럼을 정비하고 이를 통해 국제화 측면에서 차별화 구축이 필요하다.

국제화 관점에서는 국제 학생 교환 프로그램도 중요한 역할을 한다. 현재는 대학 전체 차원에서 국제 학생 교환 프로그램이 운영되고 있으며, 상당 부분 미국에 편중되어 진행되고 있다. 하지만 관광산업 측면에서는 미국에 편중되지 않고 다양한 국가로 진행되었을 경우 얻을 수 있는 가치가 높다. 국가별 특성에 따라(ex. 스페인 : 와인, 마카오 : 카지노) 전문성을 키울 수 있는 교환 및 전공 연구 프로그램은 경희대 재학생들이 더 넓은 시야를 가지고 세계로 나아갈 수 있는 국제적인 리더로 성장할수 있는 기회를 제공할 것이다.

2) 교육 프로그램 수출 통한 국제 교육 네트워크 구축

경희대 호텔관광대학의 국제적인 위상의 증가, 그리고 한국 관광산업의 발전에 따라 교육 프로그램에 대한 수출 요구가 끊이지 않고 있다. 그동안 호텔관광대학은 국제화에 대한 명확한 발전전략이 부재하였을 뿐만 아니라, 국제화를 진행하여야 하는 동기 또한 부족했었다. 그러나 점점 학령인구가 감소하는 현재 상황에서 국제화는 생존을 위한 필수전략이 되어가고 있다. 이에 따라 호텔관광대학도 적극적으로 교육프로그램의 수출에 앞장서야 한다. 이러한 국제화 프로그램은 단순히 우리의 교육프로그램 수출을 요청하는 나라에 응하는 수동적인 방식으로 진행해서는 안 된다. 아시아 지역별 호텔관광대학 교육에 대한 수요를 바탕으로 면밀하게 거점 지역 및 지역별 파트너 대학을 선정하고, 이러한 파트너 대학과 함께 전략적으로 접근하여야 한다.

국제화는 단계적으로 운영하여야 하며, 단기적으로는 거점 지역 파트너 대학과 소규모로 공동 커리큘럼 운영을 통해 교수들이 거점 지역에서 직접 가르치면서 대상지역의 학생들의 특성 및 수요, 교육 특성을 경험하여야 한다. 이러한 경험을 바탕으로 거점 지역을 위한 커리큘럼을 구성하고 대상 지역에 멀티 캠퍼스를 세워야 한다. 이를 통해 만들어지는 경희대 호텔관광대학의 국제 교육 네트워크는 단과대학을 넘어서는 규모의 경제를 구축하여 경희대 호텔관광대학을 세계에서 가장 뛰어난 호텔관광대학으로 만드는 데 일조할 것이다. 특히 교육 네트워크의 규모와 다양성은 연구 및 교육 측면에서 단과대학이 만들어 낼 수 있는 그 이상의 가치를 제공할 것이며, 이는 그 어느 대학도 확보하기 어려운 차별화 요인으로 자리매김할 수 있을 것이다.

이러한 국제 교육 네트워크는 단순하게 수익성 측면에서만 접근해서는 안된다. 관광산업은 빈부 격차를 줄이고 교류를 통해 발전을 일으킬 수 있는 핵심 동력원이며 경제적으로 어려운 지역일수록 관광산업의 발전을 통한 혜택이 크다. 한편으로는 ODA 차원에서 그동안 우리가 쌓아온 관광산업의 전문성을 확산하는 측면의 접근이 필요하며, 교육 부문에서의 책임을 경희대가 이끌어야 하는 시대적 사명이 존재한다.

국제 교육 네트워크 확립을 위해서는 경희대 호텔관광대학의 교수진도 국제화가 이루어져야 할 필요가 있다. 다양한 국적의 전임교수진이 확충되어야 교육 커리큘럼 측면에서도 국제적인 다양성 및 차별화를 구축할 수 있어야 할 뿐만 아니라, 해외 진출을 위한 인적자원을 확보할 수 있다. 무엇보다 외국어가 가능하고 해외 파견도 가능한 교수진을 확충하여 중장기 전략을 실현시킬 수 있는 기반을 마련하여야 한다. 지금의 교수진은 현재 호텔관광대학의 커리큘럼을 운영하기에도 부족한 상황이며, 교수진의 확충이 없이 국제 교육 네트워크를 구축하는 것은 불가능한 일일 것이다.

3) 외국인 동문 네트워크 구축

호텔관광대학의 외국인 유학생들은 내국인 학생들에게는 다양한 문화적 경험과 교류를 할 수 있는 원천일 뿐만 아니라, 한국 관광산업의 글로벌 네트워크를 구성하는 기초자산 이다. 이에 유학생들은 경희대 뿐만 아니라 국가적인 차원에서도 의미 있는 자산으로서 다루어져야 한다. 호텔관광대학은 유학생과 한국인 학생을 연결시켜 주는 멘토링 프로그램, 유학생들의 한국어 실력 증진을 위한 한국어 말하기 대회를 운영하며 유학생들이 서로 다른 언어와 문화의 장벽을 극복하고 한국에서 유학의 목표를 달성할 수 있게 지원하고 있다. 또한 관광공사 및 문화체육관광부의 지원을 받아 유학생들이 한국의 문화 및 관광지를 경험하는 프로그램을 운영하고, 외국인 유학생 중 한국에 취업한 선배들과 연계하는 네트워크 행사도 진행하는 등 유학생들이 한국에 대해서 애정을 가질 수 있는 다양한 활동을 단과대학 차원에서 진행해왔다.

하지만 이렇게 형성한 네트워크는 유학생의 졸업 이후 유지되지 못하고 있다. 해외 주요 대학들의 사례를 보면 동문 간 네트워크 활동은 동문 들의 자발적인 참여로 이루어지지만, 동문회 전반을 이끌어가기 위한 관리업무는 상당 부분 학교에서 제공하는 것을 확인할 수 있었다. 그동안 우리는 동문회 및 동문 활동은 동문들이 자발적으로 운영하는 것이라는 선입견을 갖고 있었다. 그러나, 외국인 유학생들과 유대감을 지속하기 위해서 먼저 외국인 동문들의 글로벌 네트워크가 형성될 수 있도록 관리인력을 투입하고 연락망을 구축하는 것이 선행되어야 한다. 이렇게 구축된 연락망을 바탕으로 지역별로 전용 웹사이트 및 뉴스를 운영하고, 거점별 네트워크 파티가 운영될 수 있도록 학교 차원에서 외국인 동문 네트워크를 독려하여야 한다. 동문 네트워크가 조직화 되면 이는 단기적으로는 경희대 호텔관광대학 국제화 발전전략의 가장 든든한 지원군이 될 것이며, 중장기적으로는 한국의 관광산업과 해외 지역을 연결하는 가교로서 큰 역할을 하게 될 것이다. 이러한 장기적인 시각을 가지고 외국인 동문네트워크구축을 위한 관리 및 투자가 진행되어야 한다.

5. 동문 네트워크 실천방안

1) 동문 네트워크 관리체계 구축 및 동문/재학생 연계 프로그램 주기적 운영

그동안 호텔관광대학의 동문 네트워크의 운영은 동문회가 주축이 되어 운영해왔다. 하지만 동문회는 자발적인 참여의 특성상 동문 네트워크의 목록 등의 체계적인 관리에 한계가 있을 뿐만 아니라, 동문회가 여러 가지 이유로 단절이 될 경우 이러한 자료들이 소실되는 경우도 발생한다. 앞에서 살펴보았듯이 세계적인 대학들은 동문 네트워크의 중요성을 인지하고 학교 차원에서 동문 네트워크를 관리하고 있다. 경희대 호텔관광대학도 이러한 세계적인 추세에 발맞추어 단과대학 내에 동문 네트워크 관리 조직을 구축하고, 동문회와 연계하여 동문 네트워크를 주기적으로 갱신/관리하는 작업을 진행할 필요가 있다. 이렇게 갱신한 동문회 네트워크 목록을 호텔관광대학 동문회와 공유하여 동문회 활동이 원활하게 이루어질 수 있도록 지원하고, 학교 차원에서는 정기적인 형태의 네트워크 파티를 통해 동문 간 및 동문과 재학생이 주기적으로 만날 수 있는 환경을 운영하여야 한다.

동문 회사 취업 프로그램 및 산학협력 프로그램을 만날 수 있는 행사를 주기적으로 진행하여 동문들이 뛰어난 신규 인력을 확보하는 데 도움을 제공하고, 학생들에게는 이미 산업에서 자리 잡은 졸업생과 네트워크를 쌓고 취업을 할 수 있는 기회를 다양하게 얻을 수 있도록 해야 한다. 이미 세계의 유수 호텔관광대학은 실천적인 학풍 아래 이러한 네트워크 데이를 운영해왔다. 우리는 한국의 문화적 특성에 적합한 네트워크 데이 이벤트를 기획하고 지속적으로 운영이 될 수 있도록 해야 할 것이다. 취업이라는 형태로 졸업생과 재학생이 비대칭적인 형태로 만나는 행사뿐만 아니라 졸업생과 재학생이 동등한 형태로 네트워크를 연결할 수 있는 형태의 행사도 주기적으로 운영하여 동문의 유대감을 향상시켜야 한다. 홈커밍데이라는 형태로 졸업생과 재학생을 연결하는 호텔관광대학의 전통이 이미 있는 만큼, 단과대학이 구축한 동문 네트워크 정보를 바탕으로 좀 더 다양한 졸업생들이 홈커밍데이에 참여할 수 있게 하고 동문에게 있어서 홈커밍데이가 중요한 행사로 인식되게 만들어야 한다. 이와는 별도로 졸업 후 10년 단위로 동문 참여 이벤트를 진행하는 코넬 대학교를 벤치마킹하여 우리도 졸업 후 매 10년 마다 학교를 찾고 교류하는 행사를 운영하여 동문들이 사회에서 성장하며 꾸준히 학교와 유대감을 가질 수 있도록 해야 한다.

2) 동문 네트워크 커뮤니케이션 강화 및 기부문화 활성화

동문 네트워크가 지속적으로 유지되기 위해서는 단순히 동문 네트워크 정보를 관리하는 것으로 끝나서는 안되며, 지속적으로 동문 네트워크 내에서 커뮤니케이션이 이루어질 수 있도록 해야 한다. 이를 위해서 지금은 단절된 HOTSPOT을 다시 부활시켜서 학교 소식 및 동문 네트워크 소식이 동문 네트워크를 통해 흐를 수 있게 만들어야 한다. 온라인 및 SNS 등 다양한 매체를 통해 동문 들이 학교와 커뮤니케이션을 진행하고 지속적으로 학교에 대한 애정을 유지할 수 있게 만들어주어야 한다.

또한 자랑스런 동문상을 운영하여 동문들의 성과를 존중하고 널리 알리는 활동을 이어갈 필요가 있다. 우리는 2007년까지 '경희 관광인 상'이라는 상을 통해 사회적으로 의미 있는 성과를 만들어 낸 경희대학교 호텔관광대학 동문에게 시상을 해온 역사가 있으나, 이 역시 단절되고 말았다. 서울대학교 공과대학이나 KAIST 등은 자랑스런 동문상을 통해 학교가 지향하고자 하는 인재 육성의 역할모형을 제시하고 동문과의 유대를 강화해오고 있다. 우리도 단절되었던 '경희 관광인 상'을 부활시키고 학생 및 동문에게 학교가 지향하는 사회적 역할을 제시하여야 할 것이다.

이러한 커뮤니케이션을 통해 동문들이 경희대 호텔관광대학에 대해 지속적으로 기여할 수 있는 통로를 열어야 한다. 무엇보다 동문들의 기여 활동은 학교의 발전과 연결되며, 이는 다시 동문 네트워크의 강화로 이어져 동문들에게 혜택이 돌아간다는 신뢰를 확보하고, 이를 기반으로 동문들에게 다양한 형태의 기여 활동을 제공하여야 한다. 이러한 기여활동은 동문들이 있는 회사와 경희대 호텔관광대학 간의 산학협력이나 현장실습 뿐만 아니라 해당 산업분야에 진출하고 싶어하는 학생들에 대한 멘토링, 정기 세미나의 참여 등 다양한 형태가 가능할 것이다. 또한, 학교 발전을 위해 다양한 형태의 기부활동이 가능하다는 것을 동문들에게 전달하고 이에 참여할 수 있도록 독려하는 것이 중요하다. 최근에는 많은 대학들이 소액기부를 활성화하고 있는데, 소액기부는 동문 개개인들의 재정적 부담도 적을 뿐만 아니라 학교와 동문 간의 지속적 유대를 유지하는 역할을 한다. 이러한 소액기부를 통해 지속적으로 학교가 발전하는 모습을 동문들에게 전달한다면 기부의 선순환구조가 이루어지고 학교의 성장을 더욱더 가속화시킬 수 있을 것이다.